Wottawa/Grundlagen und Probleme von Dimensionen
in der Psychologie

PSYCHOLOGIA UNIVERSALIS

Herausgegeben von Eberhard Bay, Willy Hellpach†,
Wolfgang Metzger und Wilhelm Witte

Band 40

Grundlagen und Probleme von Dimensionen in der Psychologie

Heinrich Wottawa

1979

Verlag Anton Hain · Meisenheim am Glan

CIP-Kurztitelaufnahme der Deutschen Bibliothek

Wottawa, Heinrich:
Grundlagen und Probleme von Dimensionen in der Psychologie / Heinrich Wottawa. – Meisenheim am Glan: Hain, 1979.
(Psychologia universalis; Bd. 40)
ISBN 3-445-01927-4

Herstellung: Hain-Druck KG, Meisenheim/Glan
Printed in Germany
ISBN 3-445-01927-4

INHALTSVERZEICHNIS

VORWORT

Die vorliegende Arbeit ist als Seminartext für Hauptdiplomsemester gedacht. Sie enthält im wesentlichen nichts Neues. Bekannte Ansätze aus dem Bereich der Testtheorie, mathematischer Statistik und der Konstruktion mathematischer Modelle werden unter besonderer Berücksichtigung ihres Beitrages zum Problem von "Dimensionen" in der Psychologie grundrißartig dargestellt.

Die Arbeit ist in 3 Kapitel gegliedert, die insgesamt 11 Abschnitte umfassen. Jeder Abschnitt ist als Grundlage eines Referates gedacht, darüber hinaus kann es sich empfehlen, eine allgemeine Einführung und einen Überblick über jedes Kapitel in Referatform zu vergeben. Insgesamt stehen also 11 bis 15 vorbereitete Referatthemen zur Verfügung. Die Ausführungen in den einzelnen Abschnitten sind nur als Einführung in die Problematik zu dem jeweiligen Thema gedacht, sie können das Studium der Originalliteratur erleichtern, aber in keiner Weise ersetzen. Bei der Auswahl der Literaturzitate wurde auf eine leichte Durchführbarkeit eines Seminars Bedacht genommen. Unter der Überschrift "Literatur notwendig" werden vor jedem Abschnitt jene Arbeiten zitiert, die eine umfangreichere Einführung in das jeweilige Thema geben. Es wurde versucht, diese Literaturzitate nur aus Handbüchern oder Standardwerken zu nehmen, die vermutlich an jedem Psychologischen Institut vorhanden sind. Unter "günstig" werden vor jedem Abschnitt einige Arbeiten erwähnt, die nach Meinung des Autors die Vertiefung einiger interessanter Aspekte des Abschnittes ermöglichen. Alle diese Literaturzitate sind im Literaturverzeichnis erwähnt.

Bei der Formulierung der einzelnen Abschnitte wurde davon ausgegangen, daß die Seminarteilnehmer Grundkenntnisse im Bereich der klassischen und probabilistischen Testtheorie haben und etwas über multivariate Statistik und Faktorenanalyse wissen. Eine gewisse Vertrautheit mit dem Grundgedanken des mathematischen Modellbaus ist von Vorteil. Bei einem ersten Versuch der Durchführung eines Seminars auf dieser Grundlage hat es sich gezeigt, daß das Durcharbeiten aller Abschnitte im Rahmen einer zweistündigen Veranstaltung in einem Semester nur bei ausgezeichneten Vorkenntnissen möglich sein dürfte, insbesondere dann, wenn man auch Zeit für die Diskussion weiterführender Gedankengänge einplanen möchte. Es ist daher im Regelfall zu empfehlen, das Seminar von vornherein nur auf der Grundlage von 2/3 der hier enthaltenen Abschnitte zu planen.

Am Endes eines jeden Kapitels werden mehrere Fragen angegeben, die das Durcharbeiten des Stoffes erleichtern sollen. Zusätzlich wurden auch Fragen aufgenommen, deren Beantwortung sich nicht unmittelbar aus dem vorliegenden Text ergibt, die aber im Prinzip ohne die Hinzuziehung weiterer Literatur bearbeitet werden können.

Die Arbeit wurde durch wertvolle Hinweise von Herrn Professor Tack und Herrn Professor Möbus wesentlich gefördert. Herrn Professor Albert und Herrn Künzel danke ich für die Zurverfügungstellung von Unterlagen. Die teilweise sehr mühsamen Schreibarbeiten wurden überwiegend von Frau Nostadt erledigt. Herrn Kalcevic danke ich für die Ausfertigung der Diagramme.

Heinrich Wottawa

Einleitung

Die Worte "Dimension" und "dimensional" werden in der Psychologie gerne gebraucht. So spricht man von Dimensionen der Persönlichkeit, Dimensionen des Verhaltens, Dimensionalität der Wahrnehmung, eindimensionaler bzw. mehrdimensionaler Messung, ein- oder mehrdimensionalen Modellen, Dimensionalität von Tests, mehrdimensionaler Skalierung u. v. a. m. Was bedeutet "Dimension" eigentlich?

Das Wort "Dimension" kommt aus dem Lateinischen und bedeutet Ausmessung, *Ausdehnung*. Demzufolge wäre ein Objekt soviel "dimensional", als es "Ausdehnungen" hat. Geht man davon aus, daß man zur Kennzeichnung jeder dieser "Ausdehnungen" eine und nur eine Maßzahl benötigt, wäre ein Objekt soviel dimensional, als Maßzahlen zur Kennzeichnung der "Größe" dieses Objektes erforderlich sind. Wieviel Maßzahlen man benötigt, hängt außer von den Objekten auch vom jeweiligen Kontext ab. Die Auffassung, daß die Anzahl der Dimensionen festgelegt ist durch die Anzahl der Kennzahlen, die jedem Objekt zugeordnet werden müssen, ist der Konsens, der allen im folgenden besprochenen Dimensionsbegriffen zugrunde liegt.

Die einzelnen Ansätze unterscheiden sich wesentlich in der Art der Konstruktion von Dimensionen, der Bedeutung und Interpretierbarkeit dieser Maßzahlen und insbesondere auch hinsichtlich der Rolle, die der jeweils zu definierende Kontext spielt. Da der Zusammenhang, in dem die Kennzeichnung eines Objektes durch eine oder mehrere Dimensionen erfolgen soll, die Art und Anzahl der Dimensionen wesentlich mitbestimmt, muß dies bei der Interpretation bedacht werden. Daraus ergeben sich gewisse Schwierigkeiten dimensionalen Denkens im Rahmen psychologischer Hypothesen.

Zur näheren Umschreibung von "Dimension" und verwandten Begriffen siehe etwa Herrmann & Stapf, 1971; Jüttemann, 1972; desgleichen Mac Corquodale & Meehl, 1948.

Versucht man die formalen Ansätze, die im Rahmen der Psychologie besonders häufig zur Konstruktion von Dimensionen verwendet wurden, zu ordnen, so erhält man im wesentlichen drei Gruppen. Die älteste und derzeit noch am weitesten verbreitete Methode ist, Dimensionen auf der Grundlage von *linearen oder polynomialen Konstrukten* aufzubauen. Man nimmt meßbare Indikatoren - von denen man a priori oder aufgrund mathematisch-statistischer Auswertungsmethoden annimmt, daß sie zumindest partiell die gleiche Dimension erfassen - und bildet aus diesen eine ungewichtete oder gewichtete Summe. Die so erhaltene Maßzahl, die für jedes Objekt, dessen Indikatorenausprägungen bekannt sind, berechnet werden kann, ist dann die Ausprägung dieses Objektes auf der durch das Konstrukt definierten Dimension. Ein solches Vorgehen liegt etwa der *Faktorenanalyse* zugrunde. Gerade die Faktorenanalyse war es, die in der Psychologie zu einer Unzahl von "Dimensionalitätsuntersuchungen" geführt hat. Das Denken der meisten Psychologen hinsichtlich des Dimensionsbegriffes wird heute durch die Art und Interpretierbarkeit der mit Hilfe faktorenanalytischer Methoden gewonnenen Dimensionen bestimmt. Diese haben den Vorteil, daß sie relativ gut zu der räumlichen Anschauung des (dreidimensionalen) Raumes passen und daher bei der Interpretation scheinbar wenig Schwierigkeiten bereiten.

Mit der faktorenanalytischen Denkweise verwandt, aber methodisch anders aufgebaut, ist das Verfahren der *Multidimensionalen Skalierung*. Hierbei ist die Umrechnung der beobachtbaren Maßzahlen in den Ausprägungsgrad der latenten Dimension nicht als einfache Linearkombination möglich, es müssen kompliziertere Beziehungen angesetzt werden. Im Prinzip handelt es sich aber auch hierbei um die Vorstellung, daß die beobachtbaren Indikatoren eine mathematische Funktion von Dimensionen sind, die durch die entsprechende inverse Funktion rückerrechnet werden können.

Aus historischen Gründen heraus ist es verständlich, daß die mit Hilfe multivariater statistischer Methoden - insbesondere die Diskriminationskonstrukte der *multivariaten Varianzanalyse* und der *kanonischen Korrelation* - gewonnenen Dimensionen in der Psychologie noch seltener verwendet werden als etwa die faktorenanalytischen Ansätze.

Eine andere Denkweise, die zu psychologischen Dimensionen geführt hat, stützt sich besonders auf gewünschte Eigenschaften des *Vergleichs von Objekten*. Möchte man anhand von Indikatoren Objekte vergleichen und fordert man von diesem Vergleich "optimale" (im Sinne des jewiligen Ansatzes) Eigenschaften, so kann man insbesondere die Eindimensionalität der untersuchten Objekte bzw. Indikatoren durch spezielle Forderungen an diese Vergleiche festlegen. Zu dieser Grupsind insbesondere die Arbeiten von *Guttmann* und *Lazarsfeld* zur Konstruktion eindimensionaler Skalen zu zählen. Ab 1960 wurden besonders die auf den Arbeiten von *G. Rasch* aufbauenden probabilistischen Meßmodelle entwickelt.

Allen diesen Ansätzen ist gemeinsam, daß die Ergebnisse weniger vom jeweiligen Kontext abhängen als die Dimensionen auf der Grundlage von Konstrukten. Dies hängt damit zusammen, daß diese Ansätze nicht auf Kenngrößen aufbauen, die sonst eine Beschreibung der untersuchten Population darstellen. Diesem Vorteil steht allerdings das Problem gegenüber, daß die so erhaltenen Dimensionen ganz anders zu interpretieren sind, als es der üblichen räumlichen Anschauung entsprechen würde. So kann es sein, daß etwa die Fragen A, B, C, D und A, B, E, F einen eindimensionalen Fragensatz darstellen, die Fragen A, B, C, D, E, F zusammengenommen aber nicht als eindimensional angesehen werden können. Diese und ähnliche Merkwürdigkeiten haben gelegentlich paradoxe Ergebnisse zur Folge und verleiten zu Fehlinterpretationen. Darauf wird weiter unten näher eingegangen.

Eine dritte Möglichkeit, Dimensionen zu erhalten, ist die *Formalisierung psychologischer Hypothesen* durch die Konstruktion mathematischer Modelle. Sehen diese Modelle für jedes Objekt einen oder mehrere Parameterwerte vor, so sind in der Regel diese Parameter als Schätzwerte für die Ausprägungsgrade latenter Dimensionen anzusehen. Dieser Dimensionsbegriff weist eine gewisse Ähnlichkeit mit dem vorhergehenden Ansatz auf, doch treten hier einige zusätzliche Probleme auf. Die inhaltlichen Hypothesen sind in aller Regel nicht ausreichend exakt formuliert, um eine eindeutige Übersetzung in eine mathematische Sprechweise zu ermöglichen. Da aber die Art der Übersetzung - die in diesem Sinne stets inzidentell sein muß - von wesentlicher Bedeutung für die erhaltenen Modellparameter ist, muß hier bei der Interpretation besonders vorsichtig vorgegangen werden.

Bei aller Verschiedenheit ist allen diesen Ansätzen eines gemeinsam: Sie geben keine befriedigende Antwort auf das Problem der Konstruktion "psychologischer Dimensionen". Dies dürfte aber nicht nur eine Schwäche der vorhandenen Methoden sein, sondern auch auf ein prinzipielles Problem der Fragestellung zurückgehen. Wenn diffuse Ansätze wie die Frage "wieviel Dimensionen hat die Persönlichkeit des

Menschen?" gestellt werden, kann kaum eine sinnvolle Antwort erwartet werden. Vor jeder dimensionsanalytischen Untersuchung sollte sorgfältig geprüft werden, welche Zielsetzung dem Vorgehen zugrunde liegen soll. Es ist überaus schwierig, diese Methoden rein induktiv zur Gewinnung von Hypothesen einzusetzen. Fruchtbares Arbeiten wird vor allem dann zu erwarten sein, wenn es gelingen sollte, eine wesentlich engere Verknüpfung zwischen den inhaltlichen Theorien der Psychologie und der jeweiligen Einzelauswertung herzustellen. In diesem Sinne sollten nicht nur die einzelnen Verfahren, sondern auch der prinzipielle Ansatz kritisch betrachtet werden.

I. Konstrukte als Grundlage für "Dimensionen"

Unter "Konstrukt" wird im folgenden jede numerische Zusammenfassung verschiedener Meßwerte eines Objektes zu einer neuen Maßzahl verstanden. In der Regel liegt die Begründung für ein solches Vorgehen darin, daß man mehr oder weniger explizit die "Existenz" latenter Variablen (Dimensionen) annimmt, die in einer speziellen mathematischen Verknüpfung die beobachtbaren Meßwerte erklären. Durch die mehr oder weniger einfach durchführbare Umkehrung dieser Abbildung können dann aus den Meßwerten die Dimensionen erschlossen werden.

Trotz dieser Gemeinsamkeit unterscheiden sich die einzelnen Ansätze stark voneinander. Im Rahmen der *klassischen Testtheorie* werden den Antworten auf die einzelnen Fragen meist Zahlen zugeordnet, die dann zu einem Gesamtkonstruktwert zusammengezählt werden; diese Kenngröße soll dann nach Plausibilitätsüberlegungen eine bestimmte Dimension erfassen. Manches Mal wird auch eine Gewichtung durchgeführt, die sich dann in der Regel auf inhaltliche Vorstellungen stützt, gelegentlich auch auf Regressionsrechnungen. Die *Faktorenanalyse* geht von dem Ansatz aus, daß die beobachteten Meßwerte als Linearkombination von latenten Dimensionen (den Faktoren) dargestellt werden können, manches Mal wird diese Darstellung auch als Abbildung eines Bedingungszusammenhanges gedeutet. Die *multidimensionale Skalierung* setzt beobachtbare Abstandsmaße (Distanzen, Ähnlichkeiten) zwischen Objekten als mathematische Funktion zugrundeliegender Dimensionen an.

Bei diesen drei Ansätzen ist zwischen zwei Denkmöglichkeiten zu unterscheiden:

Man kann meinen, daß es die zu erfassenden Dimensionen "gibt", daß sie in irgendeiner Weise eine Stellung im Rahmen eines hypothetisch angenommenen Bedingungsgefüges haben. Diesem, die Dimensionen als Abbildung von verursachenden Größen betrachtenden Ansatz steht die Überlegung bloßer Deskription der Daten durch die latenten Dimensionen gegenüber. Man stellt die Frage, ob sich die Meßwerte so darstellen lassen, *als ob* solche Dimensionen vorhanden *wären*. Die zweite Auffassung vermeidet einige Probleme, so kann in diesem Sinne etwa stets ein Test als eindimensional aufgefaßt werden (da eine Linearkombination der Itemantworten stets zu einem Meßwert pro Person führt, dieser Meßwert repräsentiert dann die gesuchte Dimension); faktorenanalytische Methoden sind für jeden beliebigen Datensatz, der nur die rechentechnischen Voraussetzungen erfüllt, anwendbar und Gleiches gilt für das Verfahren der multidimensionalen Skalierung. Selbstverständlich kann man immer Maßzahlen addieren, oder die Eigenwerte und Eigenvektoren von reellen symmetrischen Matrizen berechnen - allerdings stellt sich die Frage, was man mit so erhaltenen "Dimensionen" anfangen kann. Geht man jedoch von der irgenwie gearteten "Existenz" von Dimensionen aus, muß man prüfen, ob diese Verfahren überhaupt eine Identifikation "vorhandener" Dimensionen erlauben.

Bei den Konstrukten, die mit Hilfe *multivariater statistischer Verfahren* erhalten werden, stellt sich die Frage nach "existenten" latenten Dimensionen weniger. Es liegt von vornherein eine klare Zielsetzung der Auswertungsarbeit vor. Die linearen oder seltener polynómialen Zusammenfassungen der Meßwerte stellen Funktionen dar, die gewisse Optimalitätseigenschaften (etwa maximale Varianz zwischen den Gruppen) erfüllen. So gesehen ist dieser Ansatz um vieles bescheidener. Dafür weiß man aber, für welche Fragestellungen die mit diesen Verfahren erhaltenen Ergebnisse sinnvolle Beiträge leisten können.

1.1. Klassische Testtheorie

Lit.: notwendig: Fischer, 1974; Lord & Novick, 1968; Wechsler HAWIE, 1964;
günstig: Amthauer IST, 1953; Binet & Simon, 1908; oder Norden, 1956; Lienert, 1967; Rohracher, 1948.

Die meisten der heute in der Psychologie verwendeten Tests wurden auf der Grundlage einer theoretischen Vorstellung konstruiert bzw. ausgewertet, die in zunehmendem Maße als "klassische Testtheorie" bezeichnet wird.

Die wesentlichen Annahmen dieses Ansatzes sind, daß sich der beobachtbare Meßwert einer Person als die Summe eines "wahren Wertes" und eines Meßfehlers ergibt. Der Meßfehler hängt von keinen anderen in diesen Ansatz mit einbezogenen Größen systematisch ab. Der Erwartungswert des Meßfehlers sei stets 0, ein im gegenteiligen Sinne systematischer Meßfehler würde sich in einer Veränderung des wahren Wertes ausdrücken. Ausgehend von diesen Annahmen können dann insbesondere Aussagen über die Größe der Meßfehlerstreuung und damit über die Genauigkeit der Messung getroffen werden. Die Testkonstrukteure sind meist an dieser Reliabilität sowie an der Validität des Tests interessiert, wobei auffällt, daß manche Autoren die Probleme der Validität aus der Testtheorie ausklammern.

Wie schon einleitend erwähnt, ist die Auffassung eines existenten "wahren Wertes" problematisch. Lord & Novick, 1968; bezeichnen die Vorstellung eines in der Theorie verankerten wahren Wertes als "*platonisch*". Demgegenüber steht die Möglichkeit, den wahren Wert erst nach der Testkonstruktion durch eine formale Definition (etwa als Erwartungswert des Meßwertes bei unendlich oft wiederholter Messung) festzulegen. Diese vielleicht belanglos erscheinende Unterscheidung der Auffassung des Konzeptes eines wahren Wertes ist für die Testkonstruktion und für die Beurteilung eines auf dieser Basis erstellten Tests von Bedeutung. Bei einem "platonischen" Ansatz muß der Testkonstruktion eine Hypothese vorausgehen, die die "Existenz" einer bestimmten Eigenschaft (Dimension, Variable, Merkmal etc.), z. B. "abstrakte Intelligenz", fordert. Da Tests in aller Regel aus mehreren Einzelfragen bestehen, müßte für jedes einzelne Item geprüft werden, ob es die von der Theorie angesprochene Dimension erfaßt. Die klassische Testtheorie kann zu diesem Problem nur wenig beitragen, es stehen nur schwache Ansätze zur Überprüfung dieser "Homogenität" zur Verfügung. Dies erklärt sich vielleicht daraus, daß die Grundlagen der klassischen Testtheorie in den Naturwissenschaften (Astronomie) entstanden sind. Mißt man etwa den Zeitpunkt, zu dem ein bestimmter Stern eine bestimmte Position einnimmt, stellt das Problem der Existenz des "wahren Zeitpunktes" für den Astronomen meist kein relevantes Problem dar. Er hat auch keine prinzipiellen Schwierigkeiten, durch Meßwiederholungen oder durch den gleichzeitigen Einsatz mehrerer Beobachter diesen Zeitpunkt genauer zu bestimmen als bei einer einzigen Messung. In diesem Zusammenhang wird auch kaum ein Verfahren benötigt, das eine Überprüfung der Homogenität der verschiedenen Beobachtungen gestattet. Bei der Einführung des wahren Wertes durch eine formale Definition stellen sich diese Probleme nicht, der formale Ansatz wird leichter handhabbar und wird aus diesem Grunde heute meist in einem methodischen Kontext bevorzugt. Für die inhaltliche Konstruktion von Tests dürfte es allerdings schwer sein, sich von der Vorstellung einer irgendwie vorhandenen "Dimension" zu lösen. Wohl die meisten Testautoren bemühen sich, die Fragen so auszuwählen, daß diese eine im Rahmen ihres explizit oder implizit vorhandenen theoretischen Konzeptes wichtige Dimension erfassen. Nimmt man den wahren Wert nur als eine für die konkrete Fragensammlung charakteristische Kenngröße, liegt kein immanenter Grund zu einer Verbindung zwischen der inhaltlichen Theorie und der gewählten Operationalisierung vor. Jede beliebige Fragenzusammenstellung liefert im obigen Sinne einen wahren Wert. Man sollte trotz der methodischen Vorzüge des Ansatzes über den Erwartungswert niemals die inhaltliche Verknüpfung außer acht lassen.

1.1.1. Entwicklung

Man hat in der Psychologie schon lange Tests konstruiert und verwendet, bevor man an den Einsatz einer "Testtheorie" dachte. Es ist interessant, daß schon bei den ersten Testkonstruktionen (die Arbeiten von Binet und Simon, 1908; zur Feststellung der Schuleignung von Kindern) praktisch alle Probleme bezüglich der "Dimensionen" aufgetreten sind, mit denen man auch heute bei der Testkonstruktion zu rechnen hat. Bei dem Folgenden muß man allerdings bedenken, daß es sich um eine rückschauende Interpretation handelt, die auf den heutigen Vorstellungen beruht und somit dem damaligen Denken nicht gerecht werden kann.

Die Arbeiten von Binet und Simon haben die spätere Entwicklung von Tests wesentlich beeinflußt, so daß eine Vorgehensweise, die deren spezifischer Fragestellung adäquat war, gelegentlich ohne den entsprechenden Grund übernommen wurde. Das Ziel dieser Testkonstruktion war klar vorgegeben: man wollte die Schuleignung von Kindern feststellen, um ggf. nach objektiven Kriterien eine Überführung in die in Frankreich neu eingerichtete Institution der Sonderschule durchzuführen. Vom Problem her war also nur eine Einteilung in zwei Gruppen gewünscht. Für die Behandlung dieses Problems genügt stets die Erfassung einer Dimension - wie im Abschnitt 1.4.2. im Zusammenhang mit der Diskriminanzanalyse für zwei Gruppen besprochen wird - die allerdings ein Gemisch aus vielen Einzeleigenschaften sein kann (was unter anderem damit zusammenhängt, daß zwei Punkte im Raum stets eine Gerade definieren). In diesem Sinne konnten die Autoren, unabhängig von der Tatsache, daß sie an *mehrere*, inhaltlich stark differenzierte Aspekte der Schuleignung gedacht haben, ein *ein*dimensionales Konzept verfolgen.

Bei der Testkonstruktion lag es nahe, Aufgaben zu konstruieren, die dem durchschnittlichen Entwicklungsstand einer Altersgruppe angemessen waren. Daraus ergab sich das Konzept eines "*Intelligenzalters*" im Gegensatz zum Lebensalter - wobei die Autoren ohne nähere Begründung von einem eindimensionalen Konzept, d. h. von einem Kennwert für jeden dieser beiden Begriffe, ausgingen - trotz der Beobachtung, daß manche Kinder in einem inhaltlichen Teilbereich ein höheres "Intelligenzalter" zeigen als in einem anderen Subtest (was zu Zweifeln an der Eindimensionalität des verwendeten Konstruktes führen sollte). Verfahren für mehrdimensionale Ansätze waren damals nicht bekannt, so daß man bei dem Auftreten dieses Phänomens nur die Wahl hatte, die weitere Ausarbeitung des Tests einzustellen oder eine willkürliche Kombination der Bereiche festzulegen. So wurde, ausgehend von der (hier berechtigten, da nur zwei Gruppen zu unterscheiden waren) Vorstellung der Eindimensionalität der Schuleignung, die Grundlage für die eindimensionale Messung des "Intelligenzalters" geschaffen. Diese wurde später durch die bekannte Definition des *Intelligenzquotienten* durch W. Stern verfeinert; übrigens auf der Annahme eines Meßniveaus des Intelligenzalters (Rationalskala), das Tests dieser Art wohl prinzipiell nicht erfüllen können (vgl. 1.1.5.). Die heute übliche Darstellung des "IQ" (etwa HAWIE) hat mit der ursprünglichen Definition nichts mehr zu tun (vgl. Wechsler, 1964; Amthauer, 1953; Lienert, 1971).

Die Zusammensetzung des Konstruktes "Intelligenzalter" erfolgte durch Festsetzung, nach den subjetiven, vielleicht aus der Erfahrung mit Kindern kommenden Vorstellungen der Testautoren. Der Test mußte schon aus Gründen der Vergleichbarkeit später als gegeben hingenommen werden, die Anwendung und die Verrechnung der Ergebnisse führten zu einem einzigen Meßwert für jede Person. Der Test wurde als eine *vorgegebene Einheit* aufgefaßt - ähnlich wie der Techniker bei der routinemäßigen Anwendung eines Meßinstrumentes sich nur für das Ergebnis der Messung, nicht aber für das Zustandekommen der jeweiligen Anzeige interessiert. Da nähere Aussagen über diese Maßzahl, etwa über deren Genauigkeit, erwünscht waren, lag es nahe, die in den Naturwissenschaften vorhandenen Überlegungen zur Messung (genauer: zur Behandlung des Meßfehlers) aufzugreifen und im Laufe der Zeit zur "Klassischen Testtheorie" auszubauen.

1.1.2. Konstrukterstellung

Es ist eigentlich erstaunlich, welche Willkürlichkeit bei der Definition von Konstrukten von herkömmlichen Tests, insbesondere im Intelligenzbereich, in der Psychologie toleriert wird. Betrachtet man bekannte Intelligenzverfahren - etwa den Hamburg-Wechsler-Intelligenztest für Erwachsene oder den Intelligenz-Strukturtest von Amthauer - sieht man, daß sich die Autoren der Tatsache bewußt waren, daß zur Kennzeichnung einer Person hinsichtlich ihrer "Intelligenz" *eine Maßzahl nicht* ausreichen kann. Beide Tests bestehen aus einer Reihe von Subtests, die jeder für sich aus ähnlichen Items bestehen, aber untereinander große Unterschiede aufweisen. Für jeden Subtest wird eine *eigene* Maßzahl bestimmt, die auch als Grundlage für prognostische Zwecke relevant ist (beim HAWIE etwa für die Berechnung eines "Alterungsindex", beim IST z. B. für Profilvergleiche verschiedener Berufsgruppen). Trotzdem wird in jedem dieser Tests ein "Gesamt-IQ" bzw. "Standartwert" berechnet, und zwar als Linearkombination der Subtestergebnisse. Das einfache Addieren der als "gleichwertig" aufgefaßten Subtests ist problematisch (vgl. 1.4.) und die Auswahl der Subtests, die man zu der jeweiligen Aufgabensammlung heranzieht, ist weitgehend willkürlich, wie die Verschiedenartigkeit der einzelnen "Intelligenztests" zeigt. Dieses Vorgehen ist allerdings aus zwei Gründen verständlich: einerseits verlangen zahlreiche Institutionen (etwa Behörden, Psychiater) die Angabe eines "IQ" in psychologischen Gutachten, weil sie sich aufgrund der überlieferten Praxis an diese Angabe gewöhnt haben und in diesem globalen Maß eine grobe inhaltliche Aussage, etwa bezüglich extremen Schwachsinns, enthalten ist. Andererseits dürfte es auch eine Rolle spielen, daß in der Psychologie lange Zeit "Definitionen" beliebt waren.

So wurde etwa Intelligenz definiert als "Fähigkeit zum Lösen neuer Aufgaben" (vgl. Rohracher, 1948). Hier wird durch die Formulierung der Definition implizite festgelegt, daß die Intelligenz eindimensional sein soll. Baut man darauf auf, *ist* die Intelligenz eine eindimensionale Größe, da die Meßinstrumente bzw. Erhebungsvorschriften entsprechend konstruiert werden.

In anderen Bereichen der Erfassung menschlicher Eigenschaften hat die Testentwicklung erst später begonnen, war im vorhinein von einem differenzierteren Konzept getragen und zu Beginn nicht auf die notwendige pragmatische Unterscheidung von zwei Gruppen bezogen - so blieb der Psychologie etwa die Einführung eines "Persönlichkeitsquotienten" erspart - obwohl ein solcher wahrscheinlich genauso sinnvoll wäre wie der IQ.

Außer an die Willkürlichkeit der Auswahl und Kombination von Subtests hat man sich auch an nicht näher erklärte "Auswertungsvorschriften" der Einzelfragen eines Subtests gewöhnt. So werden nach Intuition des Autors die Antworten manchmal verschieden gewichtet, sie erhalten 0, 1, 2, 3 oder noch mehr Punkte, manchmal werden die falschen Antworten gemeinsam mit den richtigen Antworten zu einem Wert kombiniert, gelegentlich wird sogar die Geschwindigkeit der Leistung mit der Güte der Leistung nach unerklärten Vorschriften zusammengefaßt (etwa HAWIE, Mosaik-Subtest). Es scheint bei der Konstruktion von "klassischen Tests" kaum Einschränkungen bezüglich der Konstrukterstellung zu geben, abgesehen vielleicht von einer für den jeweiligen Testautor gegebenen Plausibilität.

1.1.3. Überprüfung der Dimensionen

Im Rahmen der klassischen Testtheorie, die ja eigentlich eine Theorie des Meßfehlers darstellt, stehen nur relativ schwache Werkzeuge zur Überprüfung der Eindimensionalität von Subtests zur Verfügung. Einerseits interessiert man sich, vor allem aus Gründen der

Reliabilität, für die Frage, ob zwei verschiedene Tests dieselbe Dimension - d. h. für alle Personen denselben true-score - ansprechen. Haben diese Tests überdies dieselbe Fehlerstreuung, spricht man von "Parallelität". Andererseits interessiert man sich, insbesondere im Hinblick auf die Selektion einzelner Items, für die "Trennschärfe". Unter Trennschärfe versteht man meist den korrelativen Zusammenhang zwischen dem Testscore einer Person und dem Meßwert dieser Person in einem einzelnen Item. Ein Test ist im Sinne der klassischen Testtheorie homogen, wenn er aus Items besteht, die alle eine sehr hohe Trennschärfe aufweisen.

Beide Ansätze sind dadurch beeinträchtigt, daß man die Meßfehlerstreuung eines Tests in aller Regel nicht kennt. So wären etwa zwei Tests dann parallel, wenn die Korrelation der Testwerte gleich der Reliabilität der Tests wäre. Da man aber über die Korrelation von parallelen Tests eine Abschätzung der Reliabilität erzielen möchte, nennt man zwei Tests parallel, wenn sie relativ hoch miteinander korrelieren - und nimmt dann diese Korrelation als Schätzung der Reliabilität. Ein gewisser Zirkelschluß ist bei diesem Ansatz unvermeidlich.

Ausführliche Darstellungen der Kennzahlen findet man bei Lienert, 1967; Lord & Novick, 1968; Fischer, 1974.

1.1.4. Probleme

Betrachtet man die "klassisch" konstruierten Tests aus dem Gesichtspunkt der Fragestellung nach Dimensionen, so trifft man insbesondere auf drei Probleme:

Die *Fragestellung* der Tests ist meist zu allgemein und damit zu diffus; die *Skaleneigenschaften* der so entwickelten Tests sind völlig unklar und werden willkürlich festgelegt, meist als Intervallskalen, manchmal implizite sogar als Rationalskalen (vgl. die Definition des Intelligenzquotienten als "Intelligenzalter/Lebensalter" bzw. "erbrachte Leistung/erwartete Leistung"); alle Maßzahlen sind nicht speziell für den jeweiligen *Test*, sondern *Populationskennzahlen*.

Es ist für den "platonischen" Ansatz eine große Schwierigkeit, daß häufig im Rahmen psychologischer Theorien Begriffe verwendet werden, über deren Dimensionalität man nichts weiß (vgl. die oben erwähnte "Intelligenzdefinition"). Möchte man nun für vage gehaltene oder überhaupt mehrdimensionale Begriffe einen eindimensionalen Test konstruieren, kann dies nur auf unlösbare Probleme stoßen. Liegen keine näheren Vorstellungen vor, wofür ein solcher Test eingesetzt werden soll und welche Eigenschaften er haben soll, sondern möchte man nur für eine vage umschriebene theoretische Dimension einen Indikator entwickeln, gibt es kaum einen anderen Weg als die willkürliche Erstellung eines entsprechenden Konstruktes. Da man aber damit einen empirischen Meßwert der hypothetischen Dimension erhalten hat, mit dem man "arbeiten" kann, bekräftigen sich diese beiden schwachen Ansätze wechselseitig. Dies und die vorhandene, wenn auch nicht voll zufriedenstellende praktische Brauchbarkeit der auf dieser Grundlage erstellten Tests haben dazu geführt, daß diese Art der Testkonstruktion das häufigste Vorgehen in der Psychologie wurde. Ist man aber im wesentlichen an Dimensionalitätseigenschaften interessiert, sollte man einen geeigneten Ansatz wählen.

Ein weiteres Problem ist, daß die zur Beschreibung des Tests im Rahmen der klassischen Testtheorie verwandten Kennzahlen im allgemeinen Intervallskaleneigenschaft der Meßwerte voraussetzen (Mittelwerte, Varianzen, Korrelationen etc.). Geht man von der Vorstellung aus, daß die einzelnen Items alle die gleiche Dimension erfassen sollen und beachtet man, daß in aller Regel aus theoretischen Überlegungen heraus nichts über die *Zusammensetzung der Itemschwierigkeiten* gesagt werden kann, können jedoch bei Addition der den Itemantwortmöglichkeiten zugeordneten Zahlen nur Rangskalen erhalten werden, wie man leicht an einem Beispiel sieht:

Es liege z. B. ein Test vor, der aus 10 leichten, 10 mittelschweren und 10 sehr schweren Aufgaben besteht. Dieser Test sei von 4 Personen (A, B, C, D) bearbeitet. Der Einfachheit halber sei angenommen, daß den Personen beliebige Arbeitszeit zugestanden wird. Ein mögliches Ergebnis wäre, daß A 5 Aufgaben, B 12, C 24 und D 28 Aufgaben löst. Wenn sich die Aufgaben hinsichtlich ihrer Schwierigkeiten stark unterscheiden, wird die Vorstellung plausibel sein, daß A nur einige der leichten Aufgaben, B die leichten und einige mittelschwere, C und D die leichten, mittelschweren und einige sehr schwere Aufgaben bewältigt haben. Verändert man jetzt die Schwierigkeitszusammensetzung des Tests - was, da genügend Zeit zur Verfügung stand, eventuell auch im nachhinein durch Wegstreichen der Ergebnisse einiger Aufgaben geschehen kann, falls man von Ermüdung und ähnlichen Artefakten absieht - verändern sich die Meßergebnisse in systematischer Weise. So könnte man die 10 mittelschweren Aufgaben weglassen. Unter den obigen Annahmen würde man in etwa erhalten: A = 5, B = 10, C = 14 und D = 18. Diese Veränderung ist nicht linear, die Differenzen verändern ihre relative Bedeutung (so war zunächst der Abstand von A nach B wesentlich kleiner als der Abstand von B nach C, jetzt ist es umgekehrt). Wenn man bei der Testkonstruktion nicht aus theoretischen Überlegungen weiß, welche spezielle Zusammensetzung der Itemschwierigkeiten man zu wählen hat, kann daher ein solches Instrument bezüglich der zugrunde liegenden Dimension nur Ranginformation beinhalten (die Reihenfolge der Personen kann durch die Zusammensetzung der Itemschwierigkeiten nicht systematisch verändert werden). Dies hindert aber nicht die Berechnung etwa eines Reliabilitätskoeffizienten auf der Basis der Produkt-Moment-Korrelation, da in diesem Falle der Test als eine *feststehende* Größe aufgefaßt wird, die nicht durch Veränderung der Itemzusammensetzungen geändert werden kann. Die erhaltene Maßzahl darf aber nicht im Hinblick auf eine *latente Dimension*, sondern ausschließlich im Hinblick auf den einen, in spezieller Formulierung vorliegenden Test interpretiert werden. Problematisch ist diese Skaleneigenschaft außer bei der inhaltlichen Interpretation bezüglich der latenten Variablen bei der Bestimmung der Dimensionalität über die Berechnung von Trennschärfen. Sofern man hier lineare statistische Methoden verwendet, hängt die Homogenität bezüglich einer latenten Dimension von der zufälligen Zusammensetzung der Itemschwierigkeiten (da sich diese in der Skala für den Gesamttest auswirkt) ab. Man sollte deshalb für die Berechnung der Trennschärfen überlegen, ob man nicht besser mit Rangkorrelationen arbeiten sollte.

Besonders problematisch ist, daß die wesentlichen Kennzahlen der klassischen Testtheorie, die auf dem Begriff der Korrelation aufbauen, entscheidend von der *zufälligen Zusammensetzung der befragten Population* abhängen. Die berechneten Größen sind eigentlich statistische Beschreibungen der jeweils untersuchten Population und werfen daher die Frage auf, aus welcher Population die Stichprobe genommen werden soll. Die Beurteilung des Tests hängt dann in erster Linie von dieser Definition ab. Die zusätzlich durch die Stichprobenziehung bedingten statistischen Fehler sind im Regelfall gegenüber den Verzerrungen durch die unklare Populationsdefinition weniger bedeutungsvoll. Bei Populationen, die bezüglich des untersuchten Konstruktes sehr heterogen sind, werden die Korrelationen systematisch höher sein als bei in diesem Sinne homogenen Populationen. Dies zeigt sich anschaulich bei der Betrachtung eines Streudiagramms und Auswahl bestimmter Personengruppen in diesem Diagramm. Auch inhaltlich ist diese Aussage plausibel: liegt etwa eine Population von Schwachsinnigen und Hochbegabten vor, wird man aus den Testergebnissen in einem Intelligenztest relativ gute Vorhersagen für die Ergebnisse des 2. Intelligenztests machen können. Hat man jedoch eine Population, die aus Personen besteht, die hinsichtlich des Konstruktes alle den identischen wahren Wert haben, können sich die Ergebnisse nur durch den Meßfehler unterscheiden. Da die Meßfehler nach den Annahmen der klassischen Testtheorie unsystematisch sind, kann es keine Korrelation zwischen den Meßfehlern der ersten und zweiten Messung geben. In *diesem* Sinne wäre eine Vorhersage von dem einen Meßfehler auf den anderen Meßfehler und damit eine Vorhersage von den Testergebnissen der Mitglieder dieser speziellen Population in der ersten Testung auf die der 2. Testung nicht möglich. Demzufolge wird ein Test, der einer sehr heterogenen Population vorgelegt wurde, wahrscheinlich für eindimensional (i. S. der Trennschärfe) befunden, während die Vorgabe desselben Tests an eine eher homogene Population zum gegenteiligen Ergebnis führt. Es ist selbstverständlich, daß die Aussagen über einen Test stets nur im Hinblick auf eine bestimmte Personen-Population gesehen werden können; bei der klassischen Testtheorie können aber Aussagen, die für die Gesamtpopulation gültig sind, nicht für Teilpopulationen (die systematisch homogener oder heterogener sein können) herangezogen werden. Diese Schwierigkeit verbietet eigentlich den Ansatz der klassischen Testtheorie für Dimensionsüberlegungen. Man sollte allerdings bedenken, daß diese Populationsabhängigkeit besonders für die korrelativen Maßzahlen und nicht für die anderen (etwa für die Berechnung der Fehlerstreuung) einen entscheidenden Störeffekt darstellt.

1.2. Faktorenanalyse

Lit.: notwendig: Cattell, 1966; Münchner Symposium, 1967; Pawlik, 1971; oder Überla, 1971; oder anderes Einführungsbuch in die Faktorenanalyse.
günstig: Cattell 16PF, 1957; Fischer, 1968; Fischer & Roppert, 1965; Gnanadesikan, 1970; Jöreskog, 1973; Weber, 1974.

Die Entwicklung der Faktorenanalyse ist wesentlich durch die paradigmatische Vorstellung einer eindimensionalen "Intelligenz" gefördert worden.

Mit der zunehmenden Zahl von Intelligenztests zeigte sich, daß die einzelnen Verfahren Unterschiedliches messen. Die Korrelationen zwischen den einzelnen Tests sind zwar in der Regel positiv, aber wesentlich kleiner als auf Grund des vermuteten Meßfehlers entsprechend der Reliabilität zu erwarten wäre. Will man die Vorstellung einer eindimensionalen Intelligenz trotzdem beibehalten, kann man der Meinung sein, daß zwar die einzelnen Intelligenztests alle die gleiche latente Dimension erfassen, daß sie aber noch zusätzlich testspezifische Eigenschaften der Personen ansprechen. Die einfachste Vorstellung ist dann, daß sich die Testleistung einer Person als gewichtete Summe des Ausprägungsgrades der "Intelligenz" und der "testspezifischen Leistungsfähigkeit" dieser Person ergibt (Spearman, 1904). Aus dieser Sicht war die Faktorenanalyse zunächst die Formalisierung einer vorgeordneten inhaltlichen Hypothese. Da die empirischen Befunde aber zeigten, daß dieser formalisierte Ansatz zur Beschreibung vieler Datensätze nicht ausreichend war, wurde später die Vorstellung eines *eindimensionalen* latenten Konstruktes fallengelassen. Da aber kaum inhaltlich fundierte theoretische Aussagen über die Zahl der notwendigen Dimensionen erstellt werden konnten, wollte man die Methode auch zur *Bestimmung* der Dimensionalität des jeweiligen theoretischen Begriffes verwenden. Solange die erforderlichen Rechenarbeiten außerordentlich mühselig waren, wurde das Verfahren wenigstens nur dann eingesetzt, wenn man vorher die Problemstellung sorgfältig überdacht hatte. Mit der Verbreitung der elektronischen Rechenanlagen, die die

Dauer der Auswertungsarbeiten von mehreren Monaten auf wenige Minuten reduzierten, wurde die aufgrund der Entwicklung "angesehene" Methode der Faktorenanalyse für unzählige, darunter auch viele unsinnige Fragestellungen eingesetzt.

Man sollte bei Betrachtung der Faktorenanalyse zwischen dem Versuch einer Formalisierung von *Hypothesen* und der (hypothesenfreien) Anwendung eines *rechentechnischen Verfahrens* unterscheiden. In den letzten Jahrzehnten wurde oft der zweiten Auffassung der Vorrang gegeben. Nahezu beliebiges Datenmaterial, das nur zu einer positiv semidefiniten "Zusammenhangsmatrix" führte, wurde in entsprechende Computerprogramme eingegeben. Soweit dieses Vorgehen aus rechentechnischen Gründen - etwa Reduktion der Variablenanzahl vor Berechnung multivariater statistischer Verfahren - verwendet wurde, ist dagegen nicht einzuwenden. Ebenso kann man die Ergebnisse zu einer Deskription des *speziellen* Datensatzes, natürlich auch als Grundlage für das Erstellen von Hypothesen bzw. Theorien verwenden. Solcherart gewonnene hypothetische Ansätze müssen jedoch mit *anderen* Methoden auf ihre Gültigkeit überprüft werden, da ansonsten ein Zirkelschluß einsetzen kann. Wenn die Beschreibung eines Datensatzes mit Hilfe einer bestimmten Faktorenstruktur möglich war, muß bei annähernder Gleichheit des Datenmaterials eine ähnliche Beschreibung wieder passen. Bedauerlicherweise neigen manche Autoren faktorenanalytischer Arbeiten dazu, die erhaltenen Ergebnisse hinsichtlich ihrer Aussagekraft zu überschätzen.

In neuerer Zeit werden zunehmend Ansätze entwickelt, die auf die ursprüngliche Arbeitsweise des Überprüfens einer theoretischen Vorstellung zurückgehen (vgl. etwa Weber, 1974; oder Jöreskog, 1973). Da die so erhaltenen Dimensionen denen der multivariaten Statistik verwandt sind, wird auf diesen Ansatz im Abschnitt 1.4.3. näher eingegangen.

Da die Anwendung der Faktorenanalyse als rein rechentechnisch vereinfachende Methode aus psychologischer Sicht kaum interessant ist, wird im folgenden unter "Faktorenanalyse" der Versuch verstanden, die in einer größeren Zahl von Meßwerten pro Person enthaltene "Information" in einer möglichst kleinen Zahl von Konstrukten wiederzugeben. Zu unterscheiden ist, ob diese Konstrukte nur eine mögliche

Beschreibung des Datenmaterials darstellen sollen, oder ob eine inhaltliche Interpretation (i. S. des Auffindens von latenten Dimensionen) angestrebt wird.

1.2.1. Entwicklung des Dimensionsbegriffes

Die Bedeutung der "Faktoren" ist analog zu der der Dimensionen des räumlich anschaulichen Denkens. Je nachdem, ob man die Faktorenanalyse zum Auffinden latenter Dimensionen oder nur zu einer Deskription des Datensatzes verwenden möchte, sind zwei verschiedene Interpretationswege angemessen.

Geht man von der "Existenz" latenter Dimensionen aus, so besteht das Modell im wesentlichen in der Annahme, daß sich die beobachtbaren Meßwerte als mathematische Funktion (meist linear) *dieser zugrunde liegenden Dimension* ergeben. Im dreidimensionalen Raum wäre ein analoges Vorgehen, daß man etwa von Quadern die Länge und Breite messen würde, außerdem noch die Raumdiagonale, das Volumen und die Diagonale einer Seitenfläche. Diese fünf Meßwerte lassen sich als mathematische Funktion von drei "Grunddimensionen" (etwa Länge, Breite, Höhe) darstellen. Es ist die Aufgabe der faktorenanalytischen Methode, die entsprechende Rückrechnung zu ermöglichen. Vom Standpunkt der *Deskription* her kann man die Meinung vertreten, daß zur Kennzeichnung der untersuchten Objekte nicht alle erhobenen Maßzahlen erforderlich sind, sondern daß mit weniger Maßzahlen bzw. mit einigen aus diesen Maßzahlen errechenbaren Konstrukten die Information dargestellt werden kann. So kann man etwa von Körpern, die annähernd eine Würfelform haben, Länge, Breite und Höhe messen, zur Kennzeichnung jedes dieser Objekte ist aber eine einzige Maßzahl ausreichend. Im Alltagsleben hat man sich daran gewöhnt, etwa Türme meist nur durch ihre Höhe zu kennzeichnen, die Lage eines Hauses wird durch zwei Koordinaten im Stadtplan angegeben, die zusätzliche Angabe der anderen Dimensionen erscheint nicht erforderlich. Ähnliches liegt vor, wenn man etwa Autos als "Kleinwagen" - "Mittelklasse" - "Luxuslimousine" einstuft. Auch hier wird versucht, eine Vielzahl von Ausstattungsvariablen (Größe, Leistungsfähigkeit, Ausstattung etc.) durch eine einzige "Maßzahl" pro Auto zu beschreiben. Bei dieser Zusammenfassung geht natürlich Information verloren, für manche Zwecke ist jedoch eine einfache Eingruppierung ausreichend.

Für die Interpretation faktorenanalytischer Dimensionen wäre es zweckmäßig zu wissen, welche der beiden Vorstellungen jeweils angemessen ist. Im ersten Fall kann man sich bemühen, Dimensionen zu benennen und die Grundlagen (neurophysiologischer oder sonstiger Art) aufzufinden. Für den deskriptiven Ansatz hingegen wäre es wichtig zu wissen, zu welchem Zweck die Informationszusammenfassung erfolgen soll. Erst bei Kenntnis des Zieles könnte man sagen, welche Zusammenfassungen und wieviel an Informationsverlust dem Gegenstandsbereich angemessen sind. Da häufig solche Überlegungen nicht angestellt werden, ist man auf vage Annahmen, die durch Konsens festgelegt sind, (etwa: 80 % der Varianz sollen erklärt werden) angewiesen.

Manche Autoren bezeichnen diese beiden Ansätze einerseits als "mathematische Methode" (Deskription) und "faktorenanalytisches Modell" (die Vorstellung von Grunddimensionen). Die Schwächen der deskriptiv erhaltenen Dimensionen sollen im faktorenanalytischen Modell der Psychologie nicht oder zumindest nicht in gleicher Stärke in Erscheinung treten. Gehen jedoch in faktorenanalytische Arbeiten nicht hypothetische Vorüberlegungen bezüglich der Anzahl der Dimensionen und deren Struktur ein - und die herkömmlichen Verfahren lassen dies kaum zu, vgl. 1.4.3. - werden beide Ansätze mit identischen Rechenverfahren bearbeitet. Anhand der Ergebnisse kann nicht unterschieden werden, ob der eine oder der andere Ansatz vorlag. Da eine Deskription stets möglich ist (schlimmstenfalls werden genauso viele Konstrukte benötigt wie Maßzahlenreihen vorgelegen haben), ist auch stets eine Interpretation im Sinne von "Grunddimensionen" möglich. Hat man im vorhinein keine Annahme über die Struktur dieser Grunddimensionen gemacht, so kann durch eine nachträgliche Interpretation der Ergebnisse keine Aussage über die Angemessenheit der Dimensionen im Hinblick auf die theoretischen Vorstellungen getroffen werden. Solange man sich auf solche Verfahren beschränkt, erscheint eine unterschiedliche Beurteilung von "Beschreibung latenter Grunddimensionen" und "Konstrukte zur Beschreibung der Daten" müßig (vgl. auch Meili, 1977).

1.2.2. Konstrukterstellung

Die Rechenmethoden der Faktorenanalyse sind allgemein bekannt. Die Ableitungen der Formeln gestalten sich jedoch in Abhängigkeit von der zugrundeliegenden Vorstellung. Geht man von latenten Grunddimensionen aus, so werden zunächst die systematischen Anteile der Meßwerte als Linearkombination der Grunddimensionen dargestellt; diesen wird dann ein unsystematischer Fehler hinzugefügt. Dieses Gleichungssystem enthält zunächst mehr unbekannte Parameter als Meßwerte; durch die zusätzliche Annahme der Orthogonalität der Grunddimensionen wird ein Auflösen des Systems nach den Gewichten der einzelnen Faktoren ermöglicht. Die Zahl der benötigten Faktoren wird durch die Beschaffenheit der Eigenwerte, die Gewichte des jeweiligen Faktors werden aus dem Eigenvektor, der zu jedem Eigenwert gehört, bestimmt. Möchte man außer diesen "Ladungen" die Ausprägungsgrade der Faktoren bei den einzelnen Objekten bestimmen, kann aus Kenntnis des Datenmaterials und der Schätzung der Ladungen eine Schätzung dieser Parameter erfolgen.

Vom Deskriptionsstandpunkt aus sucht man zunächst jene Linearkombination der Meßwerte, die eine möglichst hohe Varianz zeigt, danach die Linearkombination, die orthogonal dazu möglichst stark variiert und so fort. Die Lösung dieses Problems führt zum identischen Ergebnis wie der Versuch, das die Beziehung zwischen latenten Variablen und beobachtbaren Meßwerten beschreibende Gleichungssystem aufzulösen. In beiden Fällen sind die erhaltenen Ergebnisse nicht eindeutig. Die Güte der Deskription durch die Gesamtheit der ausgewählten Konstrukte bleibt bei jeder Drehung dieser Konstrukte gleich, die Berechnung der Ladungsmatrix ist nur eindeutig bis auf beliebige orthogonale Tranformationen. Diese Unbestimmtheit der Ergebnisse erschwert wesentlich den Rückschluß auf vermutete Grunddimensionen.

1.2.3. Weiterentwicklungen

Es gibt eine Fülle von speziellen faktorenanalytischen Methoden, die den jeweiligen Forschungserfordernissen angepaßt wurden. Vom Gesichtspunkt der Dimensionsbetrachtung her erscheinen besonders vier Ansätze interessant: Faktoren 2. Ordnung, Vertauschung von Variablen und Objekten, die polynomiale Faktorenanalyse und nonmetrischen Techniken (Coombs & Kao, 1955; Lingoes & Guttman , 1967).

Insbesondere in den USA wird gerne mit nichtorthogonalen faktorenanalytischen Techniken gearbeitet, worunter man meint, daß im nachhinein die Annahme der Orthogonalität der Faktoren aufgegeben wird (siehe etwa Cattell, 1966). Häufig sprechen ja auch keinerlei inhaltliche Überlegungen für diese Annahme. Durch die sog. *"schiefwinkelige Rotation"* werden die Faktoren hinsichtlich ihrer Ladungen leichter interpretierbar. Allerdings ist zu bedenken, daß dann bei Benennung bzw. Interpretation der Faktoren auch die Interkorrelationen der Faktoren (da diese ja nicht mehr orthogonal sind) berücksichtigt werden müßten, was bei einer größeren Zahl von Faktoren unter Umständen Schwierigkeiten bereitet. Bekannt wurden insbesondere die Arbeiten von R. B. Cattell, vor allem dessen Persönlichkeitstest "16 PF" (1957). Man kann nun der Meinung sein, daß die so gefundenen Faktoren von weiteren Grunddimensionen, die unkorreliert angenommen werden, abhängen. Da die schiefwinkeligen Faktoren eine Interkorrelationsmatrix haben und diese als Grundlage für die rechentechnische Behandlung der Faktorenanalyse ausreicht, können damit (indem man einfach die Interkorrelationsmatrix der Faktoren so behandelt, als sei sie die Interkorrelationsmatrix von Testwerten) sog. *"Faktoren 2. Art"* gewonnen werden. Diese Faktoren 2. Art werden gelegentlich als besonders grundlegende Grunddimensionen interpretiert.

Man sollte beachten, daß Faktoren in diesem Zusammenhang stets als Linearkombination der Meßwerte dargestellt werden. Faktoren 2. Art würde man demnach als Linearkombination der Faktoren 1. Art erhalten. Da Faktoren 1. Art eine Linearkombination der Meßwerte, und die Linearkombination einer Linearkombination stets wieder eine Linearkombination ist, sind auch die Faktoren 2. Ordnung Linearkombinationen der Meßwerte. Ein prinzipieller Unterschied zwischen diesen beiden Arten von Faktoren (selbstverständlich lassen sich in gleicher Weise auch Faktoren 3., 4. und höherer Ordnung konstruieren) ist schwer ersichtlich. Dies sollte man bei der Interpretation bedenken.

Gelegentlich findet man auch den Hinweis (vgl. etwa Cattell, 1966), daß man für faktorenanalytische Ansätze nicht nur von der Interkorrelationsmatrix der Variablen ausgehen kann, sondern auch etwa von der *"Interkorrelationsmatrix" der Personen* oder der Situationen oder der Versuchsleiter und dergl. (R-, P-, Q-, S-Technik). Diese Ansätze, bei denen man allerdings den Ausdruck "Interkorrelationsmatrix" vermeiden sollte, können zu einer "Typisierung" von Objekten verwendet werden. Man kann damit "Typen" erhalten, die evtl. Hinweise auf weitere Einteilungsgesichtspunkte geben können. Bei der verbalen Interpretation der numerischen Ergebnisse - wie etwa "der 1. Faktor ist im wesentlichen bestimmt durch o.5 x Müller + o.8 x Meier - o.6 x Schulze" - sollte man vorsichtig sein. Der deskriptive Charakter der faktorenanalytischen Techniken wird hier besonders deutlich, auch dann, wenn man zusätzlich die "factorscores" der Variablen beachtet.

Eine andere interessante Erweiterung ist die sog. *"polynomiale Faktorenanalyse"* (siehe etwa Mc Donald, 1962; Gnanadesikan, 1970). Es ist für viele Gegenstandsbereiche nicht einzusehen, warum als Beschreibungskonstrukte des Datenmaterials nur Linearkombinationen herangezogen werden sollten. Es erscheint vertretbar, daß man auch andere Kombinationen, insbesondere Polynome, zuläßt. Die Durchführung ist relativ einfach, da man in die üblichen faktorenanalytischen Programme nur zusätzlich zu den Meßwerten der einzelnen Variablen auch noch die Quadrate, Kreuzprodukte, evtl. 3. Potenzen usf. dieser Variablen mit hinzuzufügen hat. Es ergeben sich zwar einige rechentechnische Probleme bezüglich der Rechengenauigkeit, da mit störend hohen Interkorrelationen zwischen den so neu entstandenen Variablen zu rechnen ist, doch läßt sich dies meist bei entsprechend leistungsfähigen Rechnern zumindest für psychologische Fragestellungen ausreichend genau bewältigen. In manchen Fällen kann dann mit einer geringeren Zahl von Konstrukten die gleiche Güte der Deskription erreicht werden wie bei einem linearen Vorgehen. Die Interpretation der so erhaltenen Dimensionen ist allerdings schwierig. So kann etwa bei 2 Variablen und der Durchführung einer polynomialen Faktorenanalyse 2. Ordnung (also das Berechnen einer üblichen Faktorenanalyse mit x_1, x_2, x_1^2, x_2^2, x_1 mal x_2) als wichtigstes Beschreibungskonstrukt eine Ellipse herauskommen. In diesem Fall liegt eine "Dimension" vor, die in sich geschlossen ist - ein in Hinblick auf "Grunddimensionen" nur schwer zu interpretierendes Resultat.

Die polynomiale Faktorenanalyse weist allerdings auf eine Möglichkeit hin, die bei dem üblichen linearen Ansatz häufig übersehen wird. Der größte Eigenwert repräsentiert jene Linearkombination, die über die Objekte hinweg möglichst hoch streut. Demzufolge ist der kleinste Eigenwert charakteristisch für eine Kombination der Variablen, die zwischen den Personen am wenigsten streut. Ist der Eigenwert sehr klein, kann man mit guter Näherung davon ausgehen, daß das durch den dazugehörigen Eigenvektor charakterisierte lineare Konstrukt für alle Personen einen fast konstanten Wert bringt. Dadurch wird näherungsweise eine Hyperfläche definiert - bei der linearen Faktorenanalyse eine Hyperebene - die eine in diesem Sinne möglichst gute Beschreibung des Datensatzes beinhaltet. Für manche Fragestellungen, insbesondere bei der Suche nach Informationen über die Struktur des Datenmaterials, können demzufolge die kleinsten Eigenwerte faktorenanalytischer Untersuchung, insbesondere bei polynomialen Ansätzen, wertvolle Information beinhalten. Eine inhaltliche Interpretation dieser Konstrukte, vor allem im Hinblick auf latente Dimensionen, sollte aber nur mit großer Vorsicht erfolgen.

1.2.4. Überprüfung der Dimensionen

Die faktorenanalytischen Techniken erlauben keine statistische Testung der Dimensionalität des vorliegenden Datensatzes. Je nachdem, welches "Abbruchkriterium" man bei der Betrachtung der Eigenwerte zugrunde legen will, erhält man eine andere Anzahl von notwendigen Faktoren. Ebenso kann mit der Faktorenanalyse nicht überprüft werden, ob die erhaltenen Dimensionen in irgendeiner näher zu spezifizierenden Weise brauchbar sind. Ob die faktorenanalytisch gewonnenen Dimensionen, etwa im Intelligenz- oder Persönlichkeitsbereich, einen wesentlichen Beitrag für die Psychologie dargestellt haben, der mit anderen Methoden nicht hätte erzielt werden können, kann wohl erst in Zukunft beurteilt werden. In jedem Fall sollte man aber vermeiden, wie schon einleitend erwähnt, faktorenanalytische Resultate nur durch das Durchführen einer weiteren Faktorenanalyse mit ähnlichem Datenmaterial überprüfen zu wollen. Eine tatsächlich gefundene Übereinstimmung kann nicht überraschen, - warum sollte sich ähnliches Datenmaterial verschieden beschreiben lassen? - starke Abweichungen können durch die Unbestimmtheit der Lösungen, insbesondere durch die Möglichkeit zu orthogonalen Rotationen bestimmt sein.

Um wenigstens das Problem verschiedener Drehungen bei sonst gleichen Ergebnissen auszuschalten, wurde die sog. *"Transformationsanalyse"* (Fischer & Roppert, 1965) entwickelt. Im Prinzip ist man bei dieser Methode bestrebt, die Ergebnisse eines Datensatzes durch zulässige Drehungen so zu verändern, daß die bereits vorhandenen Ergebnisse eines anderen Datensatzes möglichst gut angenähert werden. Infolge der Vielzahl freier Parameter bei diesem Vorgehen kann in der Regel eine dem Augenschein nach gute Übereinstimmung zweier solcher Datensätze erreicht werden. Eine Signifikanztestung stößt auf große Schwierigkeiten. Zweckmäßigerweise wird man heute für solche Fragestellungen Maximum-Likelihood-Ansätze der Faktorenanalyse heranziehen. Wenn man das zunächst erhaltene Ergebnis als Grundlage einer spezifizierten Hypothese für den neuen Datensatz nimmt, ist mit diesem Verfahren eine statistische Signifikanztestung (bei Erfüllung der Verteilungsvoraussetzungen) möglich. Im Rahmen der besonders gebräuchlichen faktorenanalytischen Ansätze ist jedoch diese Fragestellung, insbesondere durch das Fehlen von statistischen Tests, nicht befriedigend beantwortbar.

1.2.5. Probleme

Die wesentlichsten Probleme der Faktorenanalyse liegen in dem prinzipiell schwachen Ansatz, der Unbestimmtheit und Vieldeutigkeit der Ergebnisse und der Abhängigkeit der Ergebnisse vom "Kontext".

Man kann von keiner Methode verlangen, daß sie die *Ermittlung von "Grunddimensionen"* erlaubt, deren Anzahl und deren Struktur völlig unbekannt sind, auch nicht hypothetisch angenommen werden. Auch bei einer bloßen Deskription sollte man versuchen, anzugeben, *wofür* die Deskription besonders gut geeignet sein soll. Wenn Vorannahmen oder eine klare Festlegung der Zielsetzung fehlt, wird man nur schwer interpretierbare Ergebnisse erhalten können. Man sollte beachten, daß diese Schwierigkeit nur für die späteren faktorenanalytischen Arbeiten charakteristisch ist; die Frage, ob *eine* Dimension zur Beschreibung der Daten ausreicht, und wie diese Dimension näher beschaffen ist, kann prinzipiell beantwortet werden. Fragestellungen der Art: "wie ist die Persönlichkeit des Menschen beschaffen?" sind in dieser allgemeinen Form wahrscheinlich unbeantwortbar.

Mit dieser vagen Formulierung der Problemstellung ist die *Unbestimmtheit faktorenanalytischer Ergebnisse* eng verbunden. Es gibt keine allgemein gültigen Methoden zur Festlegung der Anzahl der notwenigen Faktoren, die verwendeten Rotationskriterien (maximale Varianz der Gewichtszahlen, "simple structure" und dergl.) sind willkürlich und in gewissem Sinne widerspruchsvoll: ihr Hauptnutzen besteht in der leichteren Interpretierbarkeit der Faktorenladungen; sucht man "Grunddimensionen", ist man an dieser Interpretation interessiert, ist es aber nicht sehr wahrscheinlich, daß die gesuchten Grunddimensionen gerade einem der Rotationskriterien genügen; ist man an der bloßen Deskription interessiert, stört zwar die Festlegung eines speziellen Rotationskriteriums nicht - da aus deskriptiver Sicht alle rotierten Lösungen gleichwertig sind - man ist aber nicht an einer inhaltlichen Interpretation der Konstrukte interessiert, so daß der Vorteil der leichteren Interpretierbarkeit nicht mehr auftritt.

Der entscheidende Einwand gegen die Anwendung faktorenanalytischer Methoden dürfte jedoch die starke Abhängigkeit der erzielten Ergebnisse von der systematischen Stichprobenzusammensetzung und vom Kontext sein, in dem die jeweilige Fragestellung untersucht wird. Schon im Abschnitt 1.1.5. wurde ausgeführt, daß die Höhe von Interkorrelationen von Variablen wesentlich durch die Homogenität bzw. Heterogenität der untersuchten Stichprobe beeinflußt wird. Heterogene Stichproben zeigen überhöhte Interkorrelationen, hohe Interkorrelationen führen zu weniger Faktoren bei einer faktorenanalytischen Auswertung. Dieses Artefakt kann zu paradoxen Resultaten bezüglich der Dimensionalität etwa der Intelligenz eines Menschen führen. Betrachtet man die Intelligenztest-Ergebnisse eines bestimmten Menschen im Kontext aller Bürger seines Landes, so werden relativ wenige Faktoren zur Beschreibung ausreichen. Betrachtet man diesen Menschen nur zusammen mit anderen Menschen der gleichen Schulbildung, werden bereits mehr Faktoren erforderlich sein. Beschränkt man sich auf die Analyse von Personen mit gleichem Schultyp, gleichem Alter, gleichen Sozialvariablen und gleichem Schulerfolg, wird man noch mehr Intelligenzfaktoren erhalten. Da sich bei diesem Vorgehen weder an der ausgewählten Person noch an deren Testergebnissen das Geringste ändert, bedeutet dieses Artefakt eine starke Einschränkung der Interpretierbarkeit faktorenanalytischer Ergebnisse. Darüber hinaus hängt die Bedeutung der einzelnen Faktoren und auch die Interpretierbarkeit der Faktorengewichte stark von der Variablenauswahl ab. Wenn keine theoretische Fundierung dieser Auswahl vorliegt, ergeben sich darüber hinaus zusätzlich Artefakte, die kaum durch vorsichtige Interpretation der Ergebnisse behoben werden können. Die Tatsache, daß man irgendeine psychologisch sinnvoll erscheinende Interpretation stets finden kann, fällt hier erfahrungsgemäß stark ins Gewicht. Selbst wenn man das Urteil mancher Statistiker, die die Faktorenanalyse als die größte methodische Fehlentwicklung der Psychologie bezeichnen, nicht teilen sollte, sollte man doch trachten, faktorenanalytische Methoden nur dann anzuwenden, wenn wirklich keine geeigneteren Ansätze zur Verfügung stehen.

1.3. Multidimensionale Skalierung

Lit.: notwendig: Ahrens, 1974; oder Shepard, 1972; oder ein anderes Einführungsbuch in die Multidimensionale Skalierung.
günstig: Bortz, 1974; Wender, 1969; Möbus, 1976; Orth, 1974.

Das Verfahren der multidimensionalen Skalierung hat bezüglich der damit erhaltbaren Dimensionen große Ähnlichkeit mit der Faktorenanalyse, so daß im folgenden nur ein kurzer Abriß gegeben wird. Ebenso wie in der Faktorenanalyse ist die Vorstellung zugrunde gelegt, daß sich die einzelnen Objekte als Punkte in einem ein- oder mehrdimensionalen (euklidischen) Raum darstellen lassen. Auch hier kann man entweder rein deskriptiv ansetzen - in diesem Fall sind stets Ergebnisse zu erhalten - oder man kann voraussetzen, daß Dimensionen in irgendeiner Weise existent sind.

1.3.1. Entwicklung des Dimensionsbegriffes

Die den meisten Untersuchungen mit Hilfe der multidemensionalen Skalierung zugrunde liegende Problemstellung ist, daß man wissen möchte, welche *Konstrukte* den *Distanzen* (Ähnlichkeiten/Unähnlichkeiten) zwischen Objekten *zugrunde liegen* bzw. deskriptiv zugrunde gelegt werden können. Eine Denkmöglichkeit wäre, eine Reihe von Eigenschaften auszuwählen, die von den Versuchspersonen den einzelnen Objekten (z. B. Politiker, Waren, Reizvorlagen) in mehr oder minder großem Ausmaß zugeschrieben werden. Jedes Objekt wäre dann durch das Mittelwertsprofil dieser Eigenschaften charakterisiert. Die Dimensionalität dieser Mittelwertsprofile könnte dann näher untersucht werden (Diskriminanzanalyse, vgl. 1.4.). Bei einem solchen Vorgehen wird jedoch von vornherein eine Auswahl möglicher Variablen getroffen. Wenn diese Auswahl nicht vollständig oder nicht relevant ist, erhält man unbrauchbare Ergebnisse. Aus dieser Problemlage entstand der Ansatz, die Personen nach den Ähnlichkeiten bzw. Unähnlichkeiten zwischen den betrachteten Objekten zu befragen. Manchmal werden die Personen aufgefordert, unmittelbar Unähnlichkeitsaussagen zu treffen; manchmal werden auch mit mehr oder weniger komplizierten Verfahren (vgl. etwa die Triadenmethode) Ähnlichkeitsmaße zwischen den Objekten bestimmt, die dann in ein Unähnlichkeitsmaß umgeformt werden. Eine solche Umformung kann jedoch in der Regel nur eindeutig bis auf beliebige monotone Veränderungen definiert werden.

Dieser Ansatz hat den Vorteil, daß keinerlei Beschränkungen durch eine Vorwegauswahl bestimmter Einteilungsgesichtspunkte erfolgt. Wenn von den Versuchspersonen ein Vergleich jedes Objektes mit jedem anderen verlangt wird, muß eine sehr große Zahl von Aussagen als Nachteil in Kauf genommen werden. Allerdings sind von Rao & Katz, 1971; Datenerhebungsmethoden für große Objektzahlen angegeben worden. Das Verfahren wird deshalb aufwendig, wenn mehr als etwa 10 Objekte betrachtet werden sollen.

1.3.2. Konstrukterstellung

Hat man Schätzungen für die absolute Größe der Distanzen, können die gesuchten Dimensionen mit mathematischen Methoden gefunden werden. Bei Annahme der *euklidischen Metrik* ergibt sich jede Distanz zwischen zwei Objekten als Wurzel aus der Summe der Quadrate der Differenzen der Ausprägungsgrade der Objekte auf den zugrunde liegenden Dimensionen. Eine völlige Übereinstimmung zwischen den empirisch ermittelten Distanzen und den aus den gefundenen Dimensionen zurückgerechneten Werten kann im allgemeinen nur erreicht werden, wenn nur zwei Dimensionen weniger zugelassen werden als Objekte vorhanden sind.

Da die erhaltenen Distanz- bzw. Ähnlichkeitswerte empirisch ermittelt und daher mit Meßfehlern behaftet sind, ist eine vollständige Wiedergabe der Ergebnisse durch die zugrunde liegenden Dimensionen nicht angestrebt. Die Bestimmung der Zahl der zur Beschreibung notwendigen Konstrukte bereitet ähnliche Schwierigkeiten wie die Bestimmung der Faktoren in der Faktorenanalyse. Die erzielten Resultate können nur eindeutig sein bis auf beliebige Transformationen, die die Distanzen nicht beeinflussen (Drehungen, Verschiebungen). Siehe Näheres bei Kruskal, 1976.

Da häufig nur Schätzungen über die Rangreihe der Distanzen vorliegen, sind von einer Reihe von Autoren (Shepard, 1962; Kruskal, 1964; Guttman, 1968; Johnson, 1973; Möbus, 1974) sogenannte nonmetrische Verfahren entwickelt worden. Obwohl sie nur von ordinal skalierten Unähnlichkeitsschätzungen ausgehen, erzielen sie doch metrische Skalen. Die Algorithmen der drei ersten Autoren verwenden zur Skalenerstellung Distanzen (Unähnlichkeiten) und monoton transformierte Daten (Disparitäten), während die beiden letzteren Autoren darauf verzichten. Enthält der Algorithmus Disparitäten, erfolgt die Skalenerstellung in einem zweistufigen Prozeß. Nach Annahmen über die Zahl der Dimensionen und den Skalenwerten der Objekte werden die Distanzen berechnet. An diese Distanzen werden die Daten monoton herantransformiert. Bestehen zwischen diesen monoton transformierten Daten (Disparitäten) und den Distanzen Abweichungen, werden "bessere" Skalenwerte für die Objekte gesucht. In dem einstufigen Algorithmus von Möbus werden einfach alle Datenpaare mit allen Distanzpaaren verglichen. Ist die Rangordnung eines Distanzpaares im Widerspruch zum Datenpaar, muß eine Distanz verkürzt werden. Das geschieht durch Verschiebung des betreffenden Objektes im Skalenraum. Für die verschiedenen Anpassungsmaße hat sich der Terminus "stress" eingebürgert, um eine deutliche Abhebung zur Summe der Abweichungsquadrate in der klassischen Statistik zu erzielen.

1.3.3. Erweiterungen

Die zunächst in der multidimensionalen Skalierung verwendete euklidische Metrik - die der üblichen Anschauung im physikalischen Raum entspricht - stellt an sich eine zufällige Wahl dar. Ebensogut können andere Funktionen der Ausprägungsgrade der Komponenten, solange sie die erforderlichen Eigenschaften eines Distanzmaßes erfüllen, herangezogen werden. Da niemand weiß, welches Abstandsmaß die Versuchspersonen den Beurteilungen der Objekte zugrunde legen, werden manchmal andere Metriken für die Analyse verwendet.

Besonders häufig wird die sogenannte Minkowski-Metrik gewählt:

$$d_{ij} = \left(\sum_k /m_{ik} - m_{jk}/^r\right)^{\frac{1}{r}}$$

d_{ij} ... Distanz zwischen Objekt i und Objekt j
d_{ik} ... Maßzahl des i-ten Objektes auf der Dimension k

Der Parameter r kann im vorhinein gewählt oder mit entsprechenden Schätzverfahren aus den Daten bestimmt werden. Dieser Ansatz gestattet häufig eine bessere Anpassung des Modells an die Beobachtungen. Es ist allerdings schwer entscheidbar, ob im Einzelfall diese verbesserte Anpassung auf die erhöhte Zahl freier Parameter oder auf die inhaltlich bessere Repräsentation der Daten zurückzuführen ist.

Dieses zunächst ansprechende Vorgehen ist mit einer Reihe von großen Schwierigkeiten verbunden. So kann man zeigen, daß die Bestimmung von r im allgemeinen nicht eindeutig erfolgen kann, sondern daß ein mehr oder weniger großer Bereich an Werten dieses Parameters die identische Modellanpassung zur Folge hat (vgl. Bortz, 1974; Wender, 1969). Dies bedingt, daß durch Zufälligkeiten des Computerprogrammes einer von vielen möglichen Parameterwerten angegeben wird. Bedauerlicherweise zeigen nicht nur benachbarte r-Werte gleiche Modellanpassung, sondern insbesondere auch Extremfälle. So lassen sich etwa gefundene Distanzen stets mit derselben Güte durch einen r-Wert von Null oder durch einen r-Wert von unendlich darstellen. Die inhaltliche Interpretation wäre selbstverständlich in beiden Fällen extrem unterschiedlich. Wie vieldeutig bzw. unbestimmt die jeweils erhaltenen Ergebnisse beim Ansatz dieser Metrik sind, kann im allgemeinen nicht gesagt werden.

Ein weiterer wichtiger Nachteil dieser Technik ist bei Verwendung nichteuklidischer Metriken, daß die übliche Anschauung und damit eine wesentliche Interpretationshilfe bezüglich der erzielten Resultate verlorengeht (vgl. Dia 1).

Dia 1: Punkte mit gleichem Abstand vom Ursprung bei verschiedenen Minkowski-Metriken

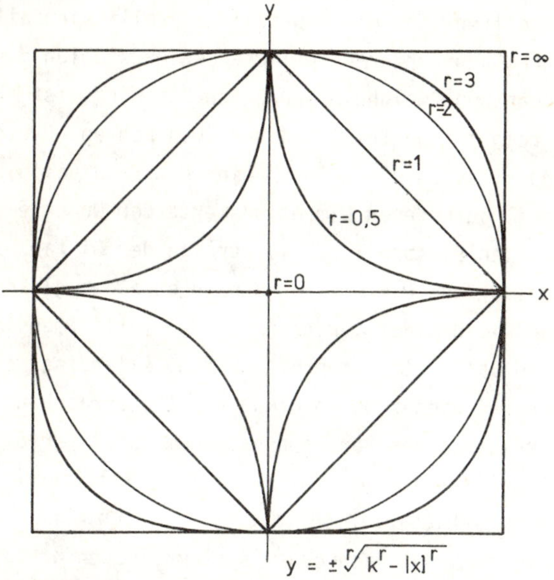

Durch die tägliche Erfahrung hat man sich daran gewöhnt, daß etwa Drehungen die Distanzen zwischen Punkten unverändert lassen. Bei r-Werten ungleich 2 sind aber die zulässigen (Distanzen nicht verändernden) Transformationen nicht Drehungen, sondern u. U. sehr aufwendige Funktionen. Drehungen verändern in diesen Fällen die Abstände zwischen zwei Objekten. Es dürfte den meisten Psychologen unmöglich sein, bei der Interpretation diese veränderten Verhältnisse des Objektraumes zu bedenken, insbesondere, wenn bei jeder Untersuchung ein neuer r-Wert und damit eine neue zulässige Transformation auftritt. Es sollte deshalb in jedem Einzelfall geprüft werden, ob der Ansatz einer nichteuklidischen Metrik echte, d. h. Vorteile für die jeweilige inhaltlich-theoretische Fragestellung bietet.

1.3.4. Überprüfung der Dimensionen

Eine Überprüfung der gefundenen Resultate ist bei der multidimensionalen Skalierung schwierig. Am ehesten läßt sich noch die numerische *Konsistenz* der Parameterschätzwerte bestimmen, indem man etwa mit Hilfe der Jack-Knife-Methode durch das Weglassen jeweils eines Teiles der Personen bzw. jeweils eines Teiles der untersuchten Objekte für jeden Parameter mehrere Schätzwerte erhält, die eine geringe Streuung aufweisen sollten. Für die Beurteilung stellt sich allerdings das Problem, daß sehr unterschiedliche Gewichtszahlen durch verschiedene Drehungen (und welche Drehung gewählt wird, ist ja von seiten der Methode rein inzidentell) bedingt sein können. Diese Möglichkeit kann zumindest anschaulich durch eine Art Kreuzvalidierung - die in einem Datenteil gefundenen Dimensionswerte der Objekte werden als Hypothese im zweiten Datenteil zur Vorhersage der Distanzen verwendet, das erhaltene Stress-Maß sollte dann in etwa der gleichen Größenordnung liegen wie bei der Durchführung der multidimensionalen Skalierung am zweiten Datensatz - geprüft werden. Allerdings sind relativ gute Resultate bei dieser Überprüfung nicht überraschend, wenn die Aufteilung der untersuchten Personen nach dem Zufall erfolgte. Bei einer solchen Zufallsaufteilung sind auch bei Verletzungen der Modellannahmen kaum verschiedene Resultate zu erwarten. Unterscheiden sich hingegen die Personen nach einem systematischen Kriterium, so kann nicht entschieden werden, ob eine starke Erhöhung des Stress-Maßes bei einer Kreuzvalidierung auf das schlechte Modell oder auf eine systematisch andere Betrachtungsweise der Objekte durch die beiden Teilstichproben zurückzuführen ist. Die beste Überprüfungsmöglichkeit der Ergebnisse dürfte sein, durch die Interpretation der Resultate der ersten multidimensionalen Skalierung zu einer neuen Auswahl von Erhebungstechniken (etwa in der einleitend dargestellten Form über Mittelwertsprofile) zu kommen und Vorhersagen bezüglich der zu erwartenden Ergebnisse abzuleiten. Bedauerlicherweise stellt jedoch gerade die Interpretation der gefundenen Dimensionen ein schwieriges Problem dar.

1.3.5. Probleme

Das Hauptproblem bei der praktischen Anwendung der multidimensionalen Skalierung für Forschungsarbeiten ist die *Interpretation der Ergebnisse*. Abgesehen von der Höhe des Stress-Maßes (oder anderen Kriterien für die Güte der Modellanpassung) und der daraus abgeleiteten Vermutung über die notwendige Zahl von Dimensionen steht für die Interpretation eine Schätzung des Ausprägungsgrades jedes Objektes auf jeder der ausgewählten Dimensionen zur Verfügung. Eine Dimension ist demnach durch die unterschiedlichen Ausprägungsgrade der verschiedenen Objekte auf ihr gekennzeichnet. Da die bloßen Namen der Objekte keine Interpretationshilfe bieten, muß der jeweilige Wissenschaftler überlegen, welche Eigenschaften der Objekte eine entsprechende Anordnung auf einer Dimension erklären könnten. Er muß also im nachhinein festlegen, welche Eigenschaften der Objekte er für wichtig hält - und gerade eine solche Auswahl sollte durch den Ansatz der multidimensionalen Skalierung vermieden werden - wenn eine inhaltliche Interpretation erfolgen soll. Liegt eine Auswahl von Objekteigenschaften bereits vor Beginn der Untersuchung vor, kann man anstelle der multidimensionalen Skalierung oft bessere Verfahren aus der multivariaten Statistik anwenden. Gibt es keine vorhergehenden Annahmen, so läßt sich erfahrungsgemäß jedes Ergebnis im nachhinein interpretieren, wenn man lange genug nach passenden Eigenschaften der Objekte sucht. Hier zeigt sich die prinzipielle Schwierigkeit eines deskriptiven Ansatzes, dessen "Gültigkeit" i. allg. nicht durch die Interpretierbarkeit der Ergebnisse überprüft werden kann.

Darüber hinaus stört ebenso wie in der Faktorenanalyse die *Kontextabhängigkeit* der Ergebnisse. Die gefundenen Dimensionen, die zu einer Beschreibung der Objekte dienen sollen, sind nicht nur für die Auswahl der Objekte, sondern auch für die gewählte Population der Versuchspersonen spezifisch. Bildet man nach systematischen Kriterien eine Teilpopulation der ursprünglich ins Auge gefaßten Personen, muß man mit wesentlich anderen Dimensionen als Ergebnis rechnen. In diesem Sinne sind Aussagen der Art "die Bevölkerung sieht die Politiker so, daß ..." irrig. Man kann nur sagen, daß bei der Analyse einer Stichprobe aus der Gesamtbevölkerung eine entsprechende dimensionale

Darstellung der Politiker erfolgte. Nimmt man eine Teilpopulation, etwa nur Studenten, wird man in der Regel eine andere Darstellung finden, ebenso, wenn man nur Antworten betrachtet, die Arbeiter gegeben haben. In diesem Sinne muß bei der Interpretation stets bedacht werden, daß die gefundenen Aussagen für ein spezielles, häufig inzidentelles Konglomerat von Einzelbetrachtungsweisen spezifisch sind und prinzipiell keine Aussagen über die Betrachtungsweise auch nur einer einzigen existierenden Person zulassen.

1.4. Parametrische Multivariate Statistik

Lit.: notwendig: Cattell, 1966; Gaensslen & Schubö, 1973; Moosbrucker, 1978; oder eine andere Einführung in die Multivariate Statistik.
günstig: Jöreskog, 1973; Kelly et al., 1969; Puri & Sen, 1971; Rao, 1965; Wottawa, 1974.

Multivariate statistische Verfahren auf der Basis der mehrdimensionalen Normalverteilung sind seit den dreißiger Jahren im Rahmen der mathematischen Statistik bekannt und ausgearbeitet. Die praktische Anwendung dieser Verfahren stieß zunächst auf Schwierigkeiten, da ein außerordentlich großer Rechenaufwand bewältigt werden muß. Erst mit der zunehmenden Einführung elektronischer Datenverarbeitungsanlagen fanden diese Verfahren eine weitere Verbreitung. In der Psychologie werden auch heute noch nur relativ selten multivariate Verfahren angewendet.

Außer der noch relativ geringen Verbreitung dieser statistischen Verfahren können auch die notwendigen Voraussetzungen dafür die Ursache sein. Schon bei der univariaten parametrischen Statistik ergeben sich Probleme hinsichtlich der notwendigen Skalenannahmen und der Normalverteilung. Diese Schwierigkeiten treten bei multivariaten Verfahren noch stärker in Erscheinung. Insbesondere ist das Abtesten der Voraussetzung der Normalverteilung für einen mehrdimensionalen Ansatz oft nur mit sehr vielen Daten möglich. Ein allzu großer Pessimismus scheint jedoch nicht notwendig zu sein, da insbesondere für die Betrachtung der mit diesen Verfahren erhaltenen "Dimensionen" die Voraussetzung der Normalverteilung nicht erforderlich ist.

Eine weitere Voraussetzung ist allerdings die Homogenität der Varianz-Kovarianzmatrizen, die aus den Daten jeweils einer Untergruppe geschätzt werden (entsprechend der Annahme homogener Varianzen der univariaten Auswertungsmethoden). Bedauerlicherweise kann diese Voraussetzung nur unter Annahme der multivariaten Normalverteilung der Daten innerhalb dieser Untergruppen geprüft werden, etwa mit einer Verallgemeinerung des Bartlett-Testes.

Im allgemeinen müssen Intervallskalen vorliegen. Für sehr große Stichproben können die gebräuchlichen Verfahren aber auch bei Rangskalen eingesetzt werden (vgl. Puri & Sen, 1971). Man wird in der Regel parameterfreie multivariate Verfahren vorziehen, falls eine entsprechende Methode zur Verfügung steht, was derzeit allerdings nur für wenige Fragestellungen der Fall ist. Sind aber die Skalenvoraussetzungen plausiblerweise halbwegs erfüllt, und ist man insbesondere an den Dimensionsproblemen interessiert, dürfte ein allzu strenger Maßstab an die Erfüllung der Voraussetzungen nicht notwendig sein, vor allem dann, wenn weniger Gewicht auf "Signifikanzen" liegt und man statt dessen vor allem beschreibende Konstrukte sucht.

Es lassen sich prinzipiell alle univariaten parametrischen Verfahren für den multivariaten Fall verallgemeinern. Das entsprechende Gegenstück zum t-Test wäre der Test nach Hotelling (bzw. die Zwei-Gruppen-Diskriminanzanalyse). Der einfaktoriellen univariaten Varianzanalyse würde die Mehrgruppendiskriminanzanalyse entsprechen, der mehrfaktoriellen univariaten Varianzanalyse die mehrfaktorielle multivariate Varianzanalyse. Ebenso lassen sich auch die kovarianzanalytischen Designs für multivariate Fälle ansetzen. Das Gegenstück zur Produkt-Momentkorrelation bzw. zur multiplen Korrelation ist die sogenannte "kanonische Korrelation". Einen guten Überblick über die wichtigsten Verfahren und ihre Anwendungen in der Psychologie gibt das Handbuch von Cattell, 1966.

Bedauerlicherweise ist der Sprachgebrauch im Bereich der multivariaten Statistik nicht völlig einheitlich. So wird etwa häufig unter "Diskriminanzanalyse" ein Zuordnungsverfahren unter Zugrundelegung des Bayes-Ansatzes verstanden, der keine Beziehung zum Dimensionalitätsproblem hat. Im folgenden wird unter Diskriminanzanalyse stets nur ein Spezialfall der multivariaten Varianzanalyse verstanden.

1.4.1. Entwicklung des Dimensionsbegriffes

Die Unterschiede zu etwa faktorenanalytischen Techniken lassen sich am leichtesten bei einfachen multivariaten varianzanalytischen Plänen, etwa an der *Mehrgruppendiskriminanzanalyse* zeigen. Im univariaten Fall ist jede Gruppe durch den *Mittelwert* gekennzeichnet, Unterschiede können leicht als "mehr" oder "weniger" interpretiert werden. Im multivariaten Fall sind die Gruppen durch *Mittelwertsprofile* charakterisiert, so daß eine so anschauliche Aussage nicht ohne weiteres möglich ist. Man kann nun fragen, ob es eine gewichtete Summe der Meßwerte gibt, die in ihren Mittelwerten zwischen den einzelnen Gruppen eine entsprechende Interpretation zuläßt. Die multivariaten Verfahren suchen jene Linearkombination der Meßwerte, die eine möglichst deutliche Unterscheidung der Gruppen (im Sinne einer maximalen Varianz der Mittelwerte dieser gewichteten Summe zwischen den Gruppen, bezogen auf die Varianz dieses Konstruktes innerhalb der Gruppen) zeigt. Das so erhaltene Konstrukt hängt also sowohl von der Struktur der Meßreihen ab als auch von der Art der Einteilung der Stichprobendaten in Untergruppen. Bei einer anderen Aufteilung der Stichprobe werden andere Zusammenfassungen der Daten eine möglichst deutliche Unterscheidung gestatten. Während die Faktorenanalyse nur allgemein nach Konstrukten zur Beschreibung des Datensatzes sucht, behandelt die Diskriminanzanalyse die Frage "welches Konstrukt zeigt die Unterschiede zwischen den Gruppen am deutlichsten?". Die faktorenanalytischen Dimensionen richten sich demnach nur nach internen Kriterien, die sogenannten "Diskriminanzfunktionen" können zur möglichst guten Beantwortung einer gezielteren Fragestellung herangezogen werden.

Typische Anwendungsfälle dieser Verfahren sind Forschungsprobleme, die die Kennzeichnung von Gruppenunterschieden zum Ziel haben. So kann man etwa fragen, wieviele und welche Dimensionen der Persönlichkeit zur Unterscheidung zwischen einzelnen Gruppen von Psychotikern erforderlich sind. In diesem Falle wird man für jede der für relevant gehaltenen Psychosen eine genügend große Anzahl von Beobachtungseinheiten erfassen, wobei auf eine sorgfältige Auslese (Stichprobenabhängigkeit der Ergebnisse!) zu achten ist. Zunächst wird geprüft, ob signifikante Unterschiede zwischen den Gruppen bestehen. Ist dies der Fall, ist zumindest eine Dimension zur Unterscheidung zwischen den Gruppenmittelwertsprofilen erforderlich. Extrahiert man aus den Beobachtungen die in dieser ersten Dimension enthaltene Information, kann man prüfen, ob auch in der verbleibenden Restinformation noch wesentliche (signifikante) Unterschiede zwischen den einzelnen Krankheitsgruppen zu erkennen sind. Wenn ja, wird eine zweite Dimension analog zur ersten gebildet. In gleicher Weise kann man nach einer dritten, vierten usw. Dimension forschen. Ebenso ließe sich die Frage beantworten, ob sich Schulnoten eines bestimmten Faches durch ein eindimensionales Konstrukt der Intelligenz erklären lassen. Teilt man die in die Stichprobe aufgenommenen Schüler nach den Noten in z. B. sechs Gruppen ein, und erhebt man von jedem Schüler ausreichend viele Indikatoren der Intelligenz, kann man fragen, ob die gesamte Information zur Unterscheidung der Gruppen in einem einzigen Konstrukt enthalten ist. Wenn nach Eliminierung des ersten Konstruktes noch signifikante Unterschiede bestehen bleiben, sind zwei oder entsprechend mehr Dimensionen der Intelligenz zur Beschreibung der Gruppenunterschiede erforderlich. Dieses Vorgehen ist oft aussagekräftiger als etwa der Ansatz einer multiplen Regression für das gleiche Problem. Das univariate Verfahren der multiplen Regression setzt von vornherein die Existenz *einer einzigen* Dimension voraus, mit der Diskriminanzanalyse kann diese Voraussetzung überprüft werden, eventuell durch Einteilung der Meßwerte in Klassen, bei kontinuierlich gemessenen abhängigen Variablen.

Bei dem Verfahren der *kanonischen Korrelation* entstehen die Konstrukte aus einer ähnlichen Überlegung. Während bei der multiplen Korrelation der bestmögliche lineare Zusammenhang zwischen einem Konstrukt der "unabhängigen" Variablen und der einen abhängigen Variablen gesucht wird, sucht man bei der kanonischen Korrelation sowohl auf seiten der "unabhängigen" Variablen als auch auf seiten der "abhängigen" nach je einem linearen Konstrukt. Dieses Konstruktpaar soll so beschaffen sein, daß der lineare Zusammenhang zwischen den beiden Konstrukten möglichst hoch wird. Nach Bestimmung des ersten Konstruktpaares kann ein dazu orthogonales zweites Paar gesucht werden, das bezüglich der verbleibenden Information einen möglichst hohen Zusammenhang zeigt, danach ein drittes usf.

1.4.2. Konstrukterstellung

Ähnlich wie in der Faktorenanalyse werden die gewichteten Konstrukte rechentechnisch als Eigenvektoren entsprechender Matrizen bestimmt. Die zu den jeweiligen Eigenvektoren gehörenden Eigenwerte können zu einer Signifikanztestung der einzelnen Konstrukte verwendet werden, wenn die Verteilungsvoraussetzungen gegeben sind. Ein Konstrukt ist in diesem Sinne "signifikant", wenn bei der multivariaten Varianzanalyse die Nullhypothese (keine Unterschiede der Gruppen bzw. Wechselwirkungen hinsichtlich der Konstruktwerte) nicht beibehalten werden kann; bei der kanonischen Korrelation, wenn die Vorstellung zu verwerfen ist, daß kein Zusammenhang zwischen dem ausgewählten Konstruktpaar besteht.

Die das jeweilige Konstrukt charakterisierende Menge von Gewichtszahlen gibt an, welche *Linearkombination der Meßwerte* die höchste Varianz zwischen den Gruppen bzw. den höchsten linearen Zusammenhang mit dem anderen Konstrukt zeigt. Die Interpretation ist aus diesem Grunde schwieriger als die der faktorenanalytischen Ladungen (vgl. Gaensslen & Schubö, 1973). Ein so erhaltenes Konstrukt kann stets nur als Einheit interpretiert werden, es dürfen nicht einzelne Gewichte herausgenommen und für sich inhaltlich analysiert werden. Es ist auch nicht empfehlenswert, bei der Interpretation ausschließlich auf die hohen Gewichte Rücksicht zu nehmen. Es kann leicht sein, daß der Beitrag von wichtigen Variablen verdeckt wird, wenn mehrere Variablen mit derselben Information aufgenommen wurden.

Ist etwa der Unterschied zwischen verschiedenen Schulnoten im Fach "Mathematik" vor allem auf die Dimension "abstraktes Denken" zurückzuführen, und hat man etwa aufgrund einer entsprechenden inhaltlichen Hypothese zur Erfassung der Intelligenz vorwiegend Subtests zu dieser Dimension ausgewählt und zusätzlich als Ergänzung einen Subtest der verbalen Intelligenz, kann sich der Beitrag der abstrakten Intelligenz auf die vielen Subtests dieser Art aufteilen. Da aber der wesentlich geringere Beitrag der verbalen Intelligenz nur durch den einen Subtest repräsentiert ist, kann dieser relativ zu den anderen ein hohes Gewicht erhalten. Eine auf diesem Gewicht aufbauende Interpretation wäre dann nicht zutreffend. Ähnliche Interpretationsprobleme treten stets bei hoch miteinander korrelierten Variablen auf, was insbesondere bei polynomialen Ansätzen dieser Art zu bedenken ist.

Eine weitere Interpretationshilfe ist die Berechnung des Wertes des Diskriminanzkonstruktes für jede untersuchte Person und das Eintragen dieser Kennzahlen in einem Diagramm; daraus können gelegentlich weitere Hinweise für die Interpretation gewonnen werden. Die Berechnung der Konstrukte ist einer Reihe von *formalen Beschränkungen* ausgesetzt, die bei der Planung entsprechender Untersuchungen berücksichtigt werden müssen. So können nie mehr voneinander unabhängige Konstrukte berechnet werden als Variablen zur Bildung des Konstruktes vorhanden sind. Bei der Diskriminanzanalyse können überdies höchstens so viele Konstrukte bestimmt werden, als die um eins verminderte Gruppenzahl beträgt. Daraus folgt etwa, daß zur Unterscheidung von zwei Gruppen stets nur eine Dimension berechnet werden kann. In diesem Sinne ist das aus inhaltlichen Überlegungen stammende Vorgehen von Binet und Simon (vgl. 1.2.), trotz stark heterogener Teiltests eine einzige Intelligenzdimension zur Unterscheidung zwischen Sonderschülern und normal Schulfähigen heranzuziehen, gerechtfertigt. Meist wird man bei der Aufnahme von mehr Gruppen und mehr abhängigen Variablen in der Untersuchung auch mehr und andere Dimensionen erhalten. Aus diesem Grunde sollte man diese bei der Untersuchungsplanung festzulegenden Größen unter Bedachtnahme auf inhaltliche Überlegungen bestimmen. Man sollte diese Schwierigkeiten stets im Auge behalten und sich bei der Interpretation bewußt sein, daß "absolut gültige" Resultate nicht gewonnen werden können.

1.4.3. Weiterentwicklungen

Mit der zunehmenden Verbreitung leistungsfähiger Datenverarbeitungsanlagen wurde es immer weniger erforderlich, den rechentechnisch besonders einfach zu behandelnden Spezialfällen eine Sonderstellung zuzumessen. Ebenso wie im univariaten Fall die einzelnen Verfahren wie t-Test, Varianzanalyse, Kovarianzanalyse, einfache und multiple Regression und dgl. Spezialfälle des allgemeinen linearen Modells der parametrischen Statistik sind (vgl. etwa Kelly et al., 1969; Wottawa, 1974), läßt sich die Gesamtheit der multivariaten statistischen Verfahren in Form eines *allgemeinen Modellansatzes* darstellen. Die allgemeine Form hat den Vorteil, daß verschiedene wünschenswerte, aber nicht immer erfüllbare Bedingungen für die rechentechnische Auswertung nicht erfüllt sein müssen, so etwa die Orthogonalität der Versuchspläne. Die allgemeine Modellform bedingt zwar einen großen Rechenaufwand, auch entsteht ein sehr großer Kernspeicherbedarf, doch lassen sich diese technischen Probleme an modernen Rechenanlagen lösen. Für die praktische Durchführung der Auswertungsarbeiten gibt es mehrere Programmsysteme, die am jeweiligen Rechenzentrum erfragt werden müssen.

Einen besonders allgemeinen Modellvorschlag, der für viele Fragestellungen eine adäquate Auswertungsmöglichkeit bietet, hat Jöreskog (1973) vorgeschlagen. In diesem Ansatz wird davon ausgegangen, daß entweder ein einziger Datensatz vorliegt oder die Beziehungen zwischen zwei Datensätzen untersucht werden sollen. Zwei Datensätze treten etwa bei Fragestellungen der kanonischen Korrelation, aber auch bei der multivariaten Varianz- oder Kovarianzanalyse (einerseits die abhängigen Variablen, andererseits der Versuchsplan in kodierter Form, die sogenannte Design-Matrix) auf. Für jeden Datensatz wird nun das Vorliegen einer oder mehrerer unbekannter Dimensionen angenommen. Diese Dimensionen stehen untereinander, aber auch mit den beobachtbaren Indikatoren, in linearer Beziehung. Die Form dieser Beziehung kann durch das Festlegen von Koeffizienten hypothetisch näher bestimmt werden. Aus den verschiedenen, mehr oder weniger festgelegten Beziehungsgleichungen (zwischen Dimensionen eines Datensatzes, zwischen Dimensionen der beiden Datensätze, Beziehungen der hypothetischen Dimensionen zu den beobachtbaren Indikatoren, Beziehungen der Indikatoren untereinander) können Aussagen über die Struktur der Varianz-Kovarianz-Matrix der Indikatoren abgeleitet werden. Daraus kann mit Hilfe der Maximum-Likelihood-Methode für größere Datenmengen geprüft werden, ob die getroffenen Annahmen als Hypothese beibehalten werden können. Ebenso können die nicht im vorhinein hypothetisch festgelegten Parameter der angenommenen linearen Beziehungen geschätzt werden. Beschreibt ein Modellansatz die Daten adäquat, kann durch Reduktion (etwa Weglassen hypothetischer Dimensionen, einfachere Beziehungen zwischen den Dimensionen und dgl.) ein einfacheres Modell erstellt und überprüft werden. Bei der Überprüfung am selben Datenmaterial ist aber das Problem mehrfacher abhängiger Signifikanztests zu berücksichtigen.

Außer den multivariaten statistischen Verfahren umfaßt dieser Ansatz auch die sogenannte *"Maximum-Likelihood-Faktorenanalyse"* (vgl. Weber, 1974). Die Methode ist insbesondere geeignet, um vorhandene Annahmen über Faktorenstrukturen (aus inhaltlichen Hypothesen oder aus Vorstudien) auf ihre Brauchbarkeit zu prüfen. Für solche Fragestellungen ist sie wohl in der Regel der Transformationsanalyse vorzuziehen.

Die Allgemeinheit dieses Ansatzes würde es gestatten, von einfachen t-Tests bis zum komplexesten multivariaten linearen Verfahren alle Auswertungen mit Hilfe eines einzigen Rechenprogrammes durchzuführen. Dies zeigt die enge Verwandtschaft der einzelnen parametrischen Verfahren, man sollte aber in der Forschungsarbeit von dieser Möglichkeit nicht Gebrauch machen. Die Komplexheit des Ansatzes bedingt auch komplizierte Rechenschritte, so daß einfachere Verfahren meist exakter und schneller rechnen. Überdies ist die Anwendung der Maximum-Likelihood-Methode an die Erfüllung der parametrischen Voraussetzungen, insbesondere an die Verteilungsannahmen, gebunden.

1.4.4. Überprüfung der Dimensionen

In Anbetracht der notwendigen Voraussetzungen und der großen Schwierigkeiten der Interpretation sollten Dimensionen, die mit Hilfe multivariater statistischer Methoden erzielt wurden, stets nur als *Hypothesenvorschlag* und nicht als gesicherte Aussagen aufgefaßt werden. Bei einer Überprüfung der Ergebnisse wird man zunächst daran denken, die Stabilität der Resultate bei geringer Änderung der Stichprobe zu prüfen. Dies kann durch *Stichprobenteilung* oder mit dem verfeinerten Verfahren des Jack-Knife geschehen. Bedauerlicherweise wird man meist von der Instabilität der Konstrukte überrascht sein. Da stark unterschiedliche Gewichte der Konstrukte nicht unbedingt zu einer verschiedenen inhaltlichen Interpretation führen (insbesondere bei hoch korrelierten Variablen) spricht diese Beobachtung allein noch nicht gegen die erhaltenen Resultate - es wäre auch statistisch nicht einzusehen, warum bei einer zufälligen Aufteilung der Stichprobe essentiell verschiedene Ergebnisse auftreten sollten. Da eine verbale Überprüfung der Gleichheit verschieden gestalteter linearer Konstrukte so gut wie ausgeschlossen ist (je nach Betrachter kann man von "essentiell identisch" bis zu "völlig verschieden" alle Interpretationen erhalten), bietet sich die Überprüfung mit Hilfe der Maximum-Likelihood-Faktorenanalyse bzw. mit dem Modellansatz von Jöreskog an. Aus einem Datensatz werden die Konstrukte bestimmt, diese werden als Hypothese in das Jöreskog-Modell aufgenommen, die Überprüfung des Modells erfolgt mit Hilfe des zweiten Datenteils. Können die zunächst erhaltenen Ergebnisse auch bei der Modellüberprüfung beibehalten werden, spricht dies für eine gewisse Stabilität - wobei allerdings ein signifikant negatives Ergebnis überraschend wäre. Ein solches kann eigentlich nur bei nicht zufälliger Stichprobenteilung oder bei deutlicher Verletzung der Voraussetzungen auftreten. Interessant ist diese Art der Überprüfung, wenn die Stichprobenteilung nach einem systematischen Kriterium erfolgte. So kann man etwa fragen, ob die bei normalen Personen erzielten Konstrukte auch eine Beschreibung der Persönlichkeit von Neurotikern gestatten usw.

Aufwendiger, aber auch wichtiger ist die Überprüfung der Gültigkeit der getroffenen Interpretation eines solchen Konstruktes. Hier bleibt in der Regel nur der Weg, für die getroffene Interpretation *andere Indikatoren* zu suchen und diese in einer folgenden Untersuchung anzuwenden. Dies bedingt einen relativ hohen Aufwand, doch können gerade durch einen solchen Kreislauf - aus den Ergebnissen wird eine hypothetische Interpretation erstellt, diese wird neu operationalisiert, die Ergebnisse werden erneut interpretiert und so fort - multivariate Verfahren Anregungen für Forschungsarbeiten bieten.

1.4.5. Probleme

Schwierigkeiten bei der Verwendung multivariater statistischer Verfahren zum Erzielen von Dimensionen liegen vor allem in den notwendigen Voraussetzungen, der Abhängigkeit der erzielten Dimensionen von der Gestaltung des Untersuchungsplanes und der Auswahl der Variablen, den mit der speziellen Art des Konstruktes verbundenen besonderen Interpretationsschwierigkeiten und wie bei allen Dimensionen auf der Grundlage solcher Konstrukte, der Populationsabhängigkeit der Ergebnisse.

Die *Voraussetzungen* der Intervallskala, der Homogenität der Varianz-Kovarianzmatrizen innerhalb der verschiedenen Gruppen, sowie die Annahme der multivariaten Normalverteilung innerhalb dieser Gruppen stellen starke und nur selten erfüllte Bedingungen dar. Leider stößt insbesondere die Überprüfung der Verteilungsannahmen auf große Probleme. Wie stark die erzielten Ergebnisse durch eine Verletzung der Modellannahmen beeinträchtigt werden, kann kaum gesagt werden.

Insbesondere bei diskriminanzanalytischen oder varianzanalytischen Plänen spielt die *Auswahl der Gruppeneinteilung* eine große Rolle bezüglich der erhaltenen Konstrukte. Im allgemeinen wird man mit zunehmender Gruppenzahl auch mehr Dimensionen zur Unterscheidung erhalten. Der Untersuchungsplan sollte deshalb bei solchen Verfahren besonders sorgfältig vorher überlegt werden und möglichst genau die inhaltliche Fragestellung abdecken. Die *Interpretation* der erhaltenen Konstrukte kann nur auf der Grundlage einer zusammenfassenden Sicht aller Gewichtszahlen eines Konstruktes erfolgen, die Interpretation einzelner Gewichte ist infolge der starken Abhängigkeit der erhaltenen Schätzwerte von der Variablenauswahl nicht zulässig. Infolge dieser zahlreichen Störmöglichkeiten sollte die Interpretation bzw. Benennung eines Konstruktes stets nur als Hypothese, nie als fundierte Aussage gewertet werden.

Da die Bestimmung der Konstrukte bei multivariaten statistischen Verfahren ebenfalls auf der Analyse von Varianz-Kovarianzmatrizen beruht, ist die Zahl und damit auch die Art der erhaltenen Konstrukte in gleicher Weise wie die faktorenanalytischen Ergebnisse *populationsabhängig*. Die Ergebnisse sind spezifisch für die ausgewählte Population, sie lassen sich nicht auf Teilpopulationen übertragen. Auch daraus ergibt sich die Notwendigkeit einer besonders sorgfältigen Planung des Untersuchungsdesigns.

Trotz dieser Schwierigkeiten dürften die multivariaten statistischen Verfahren, insbesondere die allgemeinen Modellansätze, das derzeit mächtigste Hilfsmittel für die Bearbeitung inhaltlicher Vorstellungen bezüglich des Vorliegens von Dimensionen auf der Basis von linearen oder polynomialen Konstrukten darstellen.

Fragen zum 1. Kapitel

I/ 1 Welche Probleme treten bei *allen* Ansätzen dieses Kapitels auf?

I/ 2 Umgeht man Probleme der Populationsabhängigkeit, wenn man die Trennschärfen von Items über Rangkorrelationen berechnet?

I/ 3 Ist die Faktorenanalyse geeignet, Grunddimensionen inhaltlicher Art zu finden, wenn man als Daten Tests mit Rangskaleneigenschaft eingibt?

I/ 4 Warum kann man nicht beliebige symmetrische Matrizen als Grundlage von Faktorenanalysen nehmen (anstelle der Interkorrelationsmatrix), obwohl dies rechentechnisch durchführbar ist?

I/ 5 Wird bei Faktorenanalysen die Normalverteilung der Daten vorausgesetzt?

I/ 6 Ist die übliche Kreuzvalidierung geeignet, einen Beitrag für die Überprüfung von aus diesem Datenmaterial induktiv gewonnenen inhaltlichen Hypothesen zu leisten?

I/ 7 Gibt es eine Beziehung zwischen der Multidimensionalen Skalierung und der Diskriminanzanalyse für zwei Gruppen?

I/ 8 Wodurch unterscheiden sich die Gewichte der Multivariaten Statistik von den Ladungen der Faktorenanalyse? Welche Rechengrößen der Faktorenanalyse sind im Prinzip diesen Gewichten ähnlich?

I/ 9 In welcher Weise können die Konstrukte der Kanonischen Korrelation mit faktorenanalytischen Ergebnissen verglichen werden?

I/10 Worin liegen die prinzipiellen Unterschiede zwischen Kanonischer Korrelation und Transformationsanalyse?

I/11 Welche Vor- bzw. Nachteile hat die Berechnung einer Faktorenanalyse vor Durchführung eines multivariaten statistischen Verfahrens?

I/12 Warum lassen sich Faktoren leichter interpretieren als Gewichtszahlen von a) Diskriminanzkonstrukten b) Dimensionen der Multidimensionalen Skalierung?

I/13 Welche Gründe sprechen für die Bevorzugung der Maximum-Likelihood-Faktorenanalyse gegenüber der Transformationsanalyse? Welche dagegen?

II. Der Vergleich als Grundlage von Dimensionen

Die in diesem Abschnitt behandelten Ansätze sind dadurch gekennzeichnet, daß die jeweiligen Dimensionen aufgrund von Forderungen an das "Meßinstrument" bestimmt sind. Zunächst wurde im Rahmen soziologischer Fragestellungen die deterministische, stark an den empirischen Beobachtungen orientierte *Skalogrammanalyse* von Guttmann entwickelt. Einen anderen Ansatzpunkt, der sich an der hypothetischen Annahme einer in einem theoretischen Kontext existenten latenten Dimension orientiert, stellt die *"Latent-Structure"-Analyse* von Lazarsfeld dar. Beiden Ansätzen ist gemeinsam, daß für den Vergleich zweier mit einem auf der jeweiligen Grundlage erstellten Meßinstrument erfaßten Objekte stets eine einzige Maßzahl - daher "eindimensional" - ausreicht. Unmittelbar aus der Forderung nach einem "optimalen" Vergleich zwischen den Objekten ergeben sich die Ansätze des *BTL-Verfahrens* (Bradley, Terry u. Luce) und die *logistischen Modelle* von Rasch.

Der Skalogrammanalyse, dem BTL und den logistischen Modellen ist gemeinsam, daß sie die theoretische Grundlage für die Konstruktion "optimaler" Meßinstrumente liefern. Sie sind *Meßmodelle* in dem Sinn, daß bei der Konstruktion der entsprechenden Meßinstrumente das Modell Vorrang hat. Wenn die empirischen Befunde den theoretischen Forderungen nicht gerecht werden, muß die empirische Situation so lange verändert werden, bis eine ausreichende Übereinstimmung zwischen Modell und Beobachtungen entsteht. Dieses Vorgehen führt zu im jeweiligen Sinne besonders guten Meßinstrumenten; für die inhaltliche Interpretation der erzielten Dimensionen ergeben sich daraus allerdings wesentliche Einschränkungen.

Ein weiteres Problem bei der inhaltlichen Interpretation ist, daß alle diese Ansätze erfolgreich angewandt werden können, wenn es gelingt, "ähnliche" Agenzien (Fragen, Situationen etc.; die einzelnen Bestandteile des jeweiligen Meßinstruments) zu finden. Wenn kein "Lernen" stattfindet, kann durch mehrfache Vorgabe eines *beliebigen* Agens stets eine Dimension definiert werden. Es ist eine Frage des Geschicks, ob es gelingt, zu einem gewählten Agens andere zu finden, die entsprechend ähnlich sind, ohne daß eine unmittelbare Abhängigkeit durch "Lernen" einsetzt. Wenn eine solche Konstruktion möglich ist, entsteht immer eine Dimension - dies sollte bei der inhaltlichen Interpretation bedacht werden. Insbesondere kann aus dem Auffinden einer solchen Dimension nicht gesagt werden, daß eine besonders "einfache" Struktur der Agenzien oder eine in inhaltlicher Hinsicht besonders wichtige Dimension gefunden wurde. "Eindimensional" bedeutet im Kontext dieser Ansätze in aller Regel eine Zusammenfassung von unbekannt vielen "Grunddimensionen" (falls man die Existenz solcher zugrunde liegender Funktionseinheiten annehmen möchte). Der Hauptvorteil dieser Ansätze gegenüber der Bildung von Konstrukten liegt darin, daß man überprüfen kann, ob die Struktur der Zusammenfassung für alle Agenzien eines eindimensionalen Meßinstrumentes gleich ist.

"Grunddimensionen" lassen sich mit diesem Verfahren ebenfalls nicht finden. Dies ist ein gelegentlich übersehenes Problem dieser Ansätze, das bei der Interpretation beachtet werden muß. Man sollte allerdings bedenken, daß auch die besten Verfahren etwas prinzipiell Unmögliches nicht leisten können: die Existenz von Dimensionen, die nur im Kontext bestimmter Theorien einen Sinn haben können, ohne Rückgriff auf diese Theorien nachzuweisen.

2.1. Skalogrammanalyse

Lit.: notwendig: Guttman, 1950; oder andere Darstellung der Skalogrammamalyse, etwa Fischer, 1974; Torgerson, 1958.
günstig: Henning, 1974; Mokken, 1971; Wottawa, 1974.

Die Skalogrammanalyse, nach ihrem Erfinder auch häufig "Guttman-Skala" genannt, gehört zu den im soziologischen und sozialwissenschaftlichen Bereich häufig verwendeten Methoden zur Konstruktion von Meßinstrumenten. Die Technik ist einfach anzuwenden, leicht zu verstehen und erfordert keine formalwissenschaftlichen Kenntnisse.

Guttman, 1950; ging von den beobachtbaren Antworten von Personen auf vorgelegte Fragen aus. Er versuchte, durch geeignete Auswahl der Fragen die Antworten der Person mit einer einzigen Maßzahl ausreichend zu repräsentieren. Da die damals bekannten Methoden, insbesondere die Faktorenanalyse, die Lösung dieses Problems bei Vorgabe eines größeren Fragensatzes nicht gestatteten (vgl. 1.2), entwickelte er die von ihm "Skalogramm-Analyse" genannte Technik.

2.1.1. Das Verfahren

Insbesondere bei Einstellungsfragen ist es oft leicht möglich, die Fragen nach ihrer *"Schwierigkeit" zu ordnen*. So scheint etwa die Frage: "Ich bin dagegen, daß in meinem Stadtteil ein Neger wohnt", hinsichtlich einer Apartheid-Einstellung "schwerer" zu sein als die Frage: "Ich bin dagegen, daß meine Tochter einen Neger heiratet". Mit "schwerer" wird hier ausgedrückt, daß ein höheres Ausmaß der Einstellung bei der befragten Person vorhanden sein muß, um die Bejahung der entsprechenden Frage zu ermöglichen. Gelingt es nun, mehrere Fragen zu konstruieren, die hinsichtlich ihrer Schwierigkeit (in diesem Sinne) ordenbar sind, sollten prinzipiell nur bestimmte Antwortmuster auftreten: Wenn eine Person die i-te Frage bejaht, sollte sie auch alle leichteren Fragen bejahen. Wenn eine Person die j-te Frage verneint, sollte sie auch alle schwereren Fragen verneinen. Treten in einem konkreten Fragensatz nur solche Antwortmuster auf, ist es gelungen, eine *"Guttman-Skala"* herzustellen. Die Kennzeichnung der Person kann dann durch die Nummer jenes Items erfolgen (Nummern in aufsteigender Schwierigkeit), das die Person als letztes bejaht hat. Da sich bei allen zulässigen Antwortmustern aus dieser Information das gesamte Muster rekonstruieren läßt, ist alle Information, die in den Antworten der Person enthalten ist, durch diese eine Maßzahl ausgedrückt - die Messung erfolgt eindimensional. Die Dimension kann durch die zusammenfassende Interpretation der aufgenommenen Items näher beschrieben werden.

Problematisch ist es, wenn der ausgewählte Fragensatz bei der empirischen Anwendung nicht *nur* die erwarteten Antwortmuster zeigt. Sind die Abweichungen nicht systematisch - etwa durch die zufällige "Tagesform" der befragten Personen, durch das Verhalten der Befrager verursacht oder dgl. - könnte man das Verfahren im Prinzip beibehalten. Da der Ansatz jedoch deterministisch formuliert ist, können solche zufallsbedingten Meßfehler nicht ohne weiteres mit diesen Verfahren verarbeitet werden. Sind die Abweichungen systematischer Art - so etwa, wenn in dem obigen Beispiel außer der Apartheid-Einstellung auch noch die Eigenschaft "Hausbesitzer" angesprochen wird (es kann sein, daß durch das Wohnen eines Negers in der Nachbarschaft der Verkaufs- bzw. der Mietwert des Hauses sinkt) - kann die Grundvorstellung des Ansatzes nicht beibehalten werden. Zeigt es sich, daß Abweichungen nur bei wenigen Fragen auftreten, so kann man diese Fragen aus dem Itemsatz eliminieren (wobei allerdings mit Stichprobenartefakten zu rechnen ist). Manchmal kann es angemessener sein, die Population der befragten Personen einzuschränken. So könnte man etwa im obigen Beispiel nur Hausbesitzer oder nur andere befragen. Die Existenz solcher "Dimensionen" wird nicht nur durch die Auswahl der Agenzien, sondern in gleicher Weise auch durch die Auswahl der Population der zu untersuchenden Objekte (in diesem Fall Personen) festgelegt. Gilt jedoch der Ansatz für eine bestimmte Population, so bleibt seine Gültigkeit auch für *jede Teilpopulation* erhalten - wenn in der Gesamtstichprobe nur zulässige Antwortmuster auftreten, muß das selbstverständlich auch für jeden Teil der Stichprobe gelten. Dadurch unterscheidet sich der Guttman-Ansatz von der klassischen Testtheorie. Gilt der Ansatz für die Population, dann muß er seine Gültigkeit auch für jede Teilstichprobe behalten. In diesem Sinne ist er weniger kontextabhängig.

2.1.2. Skaleneigenschaften

Bei Fragebögen und Tests versucht man oft, durch Summation der erzielten Meßwerte (etwa durch Auszählen der "gelösten" Aufgaben; vgl. 1.1.) einen Gesamtscore zu ermitteln. Auch wurde und wird gern angenommen, daß dieser Gesamtscore die erfaßte Eigenschaft eindeutig bis auf lineare Transformationen beschreibt. Bei der Guttman-Skala gibt man sich besondere Mühe bei der Erstellung des Meßinstruments, und man würde zunächst erwarten, daß dann erst recht die Annahme einer Intervallskala vertretbar ist. Die erhaltene Maßzahl - alles bis zum i-ten Item gelöst, entspricht genau der Summe des gelösten Items - ist bei der Guttman-Skala identisch mit den etwa auf der Basis der klassischen Testtheorie erstellten Ansätzen. Trotzdem wird hier in der Regel - zu Recht - nur eine monotone Beziehung zwischen der untersuchten Eigenschaft und dem Meßwert angenommen.

Die Argumentation ist identisch mit der des Abschnitts 1.1.5. Die Auswahl der Items, insbesondere die Auswahl der Schwierigkeitsgrade der Items, ist inzidentell (nicht durch eine theoretische Annahme festgelegt). Bei einer Veränderung der Schwierigkeitszusammensetzung verschieben sich die Maßzahlen der untersuchten Personen, es kann stets eine Änderung so konstruiert werden, daß eine lineare Vorhersage aus dem ursprünglichen Itemsatz auf den neuen nicht möglich ist. Da aber die Reihenfolge der Personen stets gleich bleiben muß - es kann sein, daß ursprünglich verschiedene Personen durch Vergröberung des Meßinstrumentes jetzt die gleichen Meßwerte erhalten, die Reihenfolge der Personen kann aber nicht systematisch vertauscht werden - kann die Annahme einer Ordinalskala vertreten werden.

2.1.3. Weiterentwicklungen

Als deterministisches, unmittelbar auf Beobachtungen bezogenes Auswertungsverfahren ist die Skalogrammanalyse kaum geeignet, Weiterentwicklungen des Ansatzes anzuregen. Die Schwierigkeiten wirken sich aber befruchtend auf komplexere Ansätze aus; so können in gewissem Sinne die Latent-Structure-Analyse und das Modell von Rasch als Erweiterungen dieses Ansatzes aufgefaßt werden.

Für die Forschungsarbeit gelegentlich brauchbar sind Versuche, aus einem größeren Datensatz die in diesem Sinne "eindimensionalen" Itemsätze herauszufinden (vgl. Henning, 1974; Mokken, 1971).

In der Forschungspraxis wird (viel zu) oft zur Erfassung eines bestimmten Gegenstandsbereiches ein umfangreicher Fragebogen erstellt; 80 - 100 Fragen sind keine Seltenheit. Die Fragen werden so konstruiert, daß sie möglichst alle relevanten Aspekte abdecken. Häufig, insbesondere im sozialwissenschaftlichen Bereich, liegen zu wenig verläßliche Vorstudien vor, um im vorhinein die interessantesten Aspekte auswählen zu können. In solchen Fällen möchte man dann im nachhinein "Dimensionen" erhalten, die zu einer näheren Beschreibung des Gegenstandsbereiches geeignet sind. Meist bedient man sich dann faktorenanalytischer Techniken, deren Unzulänglichkeit für diese Problemstellung im Abschnitt 1.2.5. besprochen wurde. Wenn man gezwungen war, ein solches theoriefernes Vorhaben einzuschlagen - und nur dann - kann man sich der folgenden Überlegung bedienen (Wottawa, 1974):

Wenn es in dem Fragensatz Guttman-Skalen gibt, so müssen für jedes Itempaar aus einer solchen Skala alle Personen ein bestimmtes Antwortmuster zeigen; ist das Item i schwerer als das Item j, so müssen alle Personen, die nur eines der beiden Items gelöst haben, das Item j lösen. Wenn nicht Alternativantworten, sondern ein mehrstufiges Rating vorliegt, müßte in diesem Fall die Antwort auf das Item j stets "höher" sein als für das Item i. Man kann nun für jedes Itempaar des Gesamtfragensatzes feststellen, ob eine solche für alle Personen gültige Ordnung aufgetreten ist. Am einfachsten zählt man aus, wieviel Prozent das Antwortmuster "i leichter j" gezeigt haben. Da die Items in der Schwierigkeit stark variieren können, empfiehlt es sich für praktische Zwecke, statt mit diesem Prozentsatz mit der Kennzahl "Abweichungen von der Vorstellung i > j, gebrochen durch mögliche Abweichungen von i > j" zu arbeiten, da sonst zwangsläufig sehr leichte bzw. sehr schwere Items nur einen sehr geringen Abweichungsprozentsatz zeigen. Man nennt dann zwei Items "verträglich", wenn sie entweder für die Aussage " i > j" oder für "j > i" einen Abweichungsprozentsatz Null zeigen. Da man Meßfehler berücksichtigen sollte, kann statt dieser strengen Forderung auch verlangt werden, daß ein festgelegter Höchstbetrag an Abweichungsprozenten - der allerdings willkürlich festgesetzt werden muß - nicht überschritten werden darf. Daran anschließend kann man mit Cliquenidentifikationsverfahren jene Itemgruppen bestimmen, für die gilt, daß jedes Mitglied einer Gruppe mit jedem anderen Mitglied dieser Gruppe verträglich ist. Diese Gruppen stellen (wenn man nur 0 % Abweichungen zuläßt) Guttman-Skalen dar. Bei einem höheren zugelassenen Prozentsatz an Abweichungen muß im nachhinein geprüft werden, ob die gefundenen Abweichungen durch zufällige Meßfehler erklärt werden können oder systematischer Art sind. Dazu bedient man sich zweckmäßigerweise der Methoden des Abschnitts 2.4.4. Diese Überprüfung sollte, wenn irgend möglich, an neuem Datenmaterial erfolgen, da sonst mit vielen Stichprobenartefakten zu rechnen ist.

Die praktische Durchführung ist durch die Entwicklung entsprechender Computerprogramme problemlos, falls ausreichend große Rechenanlagen und genügend Rechenzeit zur Verfügung stehen. Es soll aber noch einmal darauf verwiesen werden, daß dieses theorieferne Vorgehen aus prinzipiellen Gründen abzulehnen ist und nur dann in Erwägung gezogen werden sollte, wenn als Alternative nur der Einsatz der Faktorenanalyse für die Strukturierung des Itemsatzes zur Verfügung steht.

2.1.4. Überprüfung des Ansatzes

Das Grundproblem jeder Überprüfung ist, daß es sehr schwierig ist, systematische von zufallsbedingten Abweichungen zu unterscheiden. Treten überhaupt nur zulässige Antwortmuster auf, erübrigt sich eine weitere Modellprüfung. Sind nicht zulässige Antwortmuster häufig, können die parameterfreien Modelltests des logistischen Modells (siehe 2.4.4.) sinngemäß angewandt werden; doch sollte man dann überlegen, ob man nicht besser diesen Ansatz fallen läßt und mit dem logistischen Modell weiterarbeitet.

2.1.5. Probleme

Das größte Hindernis bei der Anwendung der Skalogrammanalyse ist die *deterministische* Formulierung des Ansatzes. Die zufälligen Schwankungen der Antworten einzelner Personen können im Modell nicht berücksichtigt werden, so daß es nur selten Datensätze gibt, auf die das Verfahren ohne einen gewissen Prozentsatz an tolerierten abweichenden Antwortmustern anwendbar ist. Am ehesten werden die Forderungen erfüllt, wenn man mit wenigen, hinsichtlich der Schwierigkeit sehr stark differierenden Items arbeitet. Je feiner die Abstände zwischen den Items, umso häufiger werden zufallsbedingte abweichende Antwortmuster auftreten. Schon einleitend wurde erwähnt, daß eine große "Ähnlichkeit" der Items ausreicht, um eine relativ gute Erfüllung der Modellforderungen zu gewährleisten. Im Prinzip kann dadurch für jedes beliebig gewählte Item eine eigene Dimension konstruiert werden. Aus diesem Grunde ist der Ansatz kein Verfahren zum Konstruieren "wichtiger" oder "grundlegender" Dimensionen. Es kann sein, daß eine Guttman-Skalierung eine solche grundlegende Dimension zeigt; genauso kann es aber auch sein, daß die erzielte Dimension artifiziell und ohne substantielle Bedeutung ist.

Das Hauptproblem bei der Interpretation solcher Dimensionen, das sich in gleicher Weise auch in den folgenden Abschnitten zeigt, ist die *Unanschaulichkeit* dieses Dimensionsbegriffes. Es ist verfehlt, die auf der Basis von Vergleichsforderungen erzielten Ergebnisse analog zu Dimensionen des Raumes zu interpretieren. So wäre es etwa im Rahmen der üblichen Anschauung undenkbar, daß die Objekte (hier: Items) a, b, c und d auf einer Dimension liegen, die Objekte a, b, c und e ebenfalls, während die Objektmenge a, b, c, d, e *nicht* eindimensional beschrieben werden kann (vgl. Tab. 1). Ergebnisse dieser Art treten häufig in empirischen Arbeiten auf. Die inhaltliche Interpretation wird durch diese Möglichkeit erschwert.

Tab. 1 : Interpretationsproblem der "Eindimensionalität" von Guttman-Skalen

	Item				
	a	b	c	d	e
Vp_1	1	1	1	1	1
Vp_2	1	1	0	1	0
Vp_3	1	1	0	0	1
Vp_4	1	1	0	0	0
Vp_5	1	0	0	0	0
Vp_6	0	0	0	0	0

Diese Möglichkeit stört vor allem dann, wenn mit Hilfe von automatischen Suchverfahren aus einem vorgegebenen Datensatz alle "eindimensionalen" Itemsätze herausgesucht werden (vgl. Wottawa, 1974).

2.2. Latent-Structure-Analyse

Lit.: notwendig: Lazarsfeld, 1959; oder Lazarsfeld, 1950; oder eine andere einführende Darstellung; etwa Fischer, 1974; Torgerson, 1958.
günstig: Anderson, 1954; McHugh, 1956; Gibson, 1959; Lazarsfeld, 1955.

Bei einem sorgfältig nach inhaltlichen Überlegungen konstruierten Test oder Fragebogen zeigt sich oft, daß die *einzelnen Items* untereinander hoch *korrelieren*. Dieser beobachtbare Zusammenhang kann ein Indikator für eine Kausalbeziehung zwischen den Beantwortungen der beiden Items sein; es kann aber auch eine *Scheinkorrelation*, die durch eine latente Variable verursacht wird, vorliegen. Stellt man etwa die Antworten auf die beiden Apartheid-Fragen des vorhergehenden Abschnitts ("Ich bin dagegen, daß in meiner Nachbarschaft ein Neger einzieht"; "Ich bin dagegen, daß meine Tochter einen Neger heiratet") in einer Vierfeldertafel dar, so wird es viele Personen geben, die entweder beide Fragen bejahen oder beide verneinen. Es wird wahrscheinlich einige Personen geben, die der zweiten Frage zustimmen und die erste Frage verneinen. Es wird kaum Personen geben, die der ersten Frage zustimmen und die zweite verneinen. Dies kann in manchen Fällen durch eine unmittelbare Beeinflussung der Itembeantwortungen erklärt werden. Wird etwa die erste Frage durch "Zufall" (Interviewerverhalten, zufällige Verfassung etc.) bejaht und die zweite Frage unmittelbar darauf vorgelegt, so wird die Person durch diese zufällige Beantwortung dazu gedrängt werden, auch die zweite Frage zu bejahen. Man kann leicht überprüfen, ob ein solcher Effekt für die Erklärung des gefundenen Zusammenhanges ausreicht (etwa Vertauschen der Fragen, Änderung der Reihenfolge, ausreichender Abstand zwischen den beiden Fragen und dgl.). In den meisten Fallen ist anzunehmen, daß der gefundene Zusammenhang zwischen solchen Fragen im wesentlichen nicht durch eine unmittelbare Beeinflussung zustande kommt. In solchen Situationen kann der Zusammenhang durch Vorliegen einer dritten, intervenierenden Variablen erklärt werden, die die Beantwortung beider Items beeinflußt. Lazarsfeld (1950) stellte sich die Aufgabe, die Ausprägungsgrade dieser latenten Dimension bei den einzelnen Personen zu bestimmen. Die Personenwerte sind so festzulegen, daß der beobachtbare paarweise Zusammenhang aller Items, die diese Dimension ansprechen, nach Bereinigung um den Einfluß dieser latenten Variablen verschwinden.

Dieser Ansatz ist stark an den Denkweisen in vielen Wissenschaftsbereichen orientiert. So ist etwa die "Intelligenz" eine nicht direkt beobachtbare, nur durch Indikatoren zu erschließende latente Variable, die in einem theoretischen Kontext eine bestimmte Bedeutung hat. Sammelt man nun Intelligenzaufgaben und schließteine unmittelbare Auswirkung der Itemantworten aufeinander aus - dies wird meist der Fall sein; man spricht dann von "lokaler stochastischer Unabhängigkeit" - kann eine Korrelation zwischen den Itembeantwortungen nur auf eine solche latente Dimension zurückzuführen sein. Gleiches gilt für Persönlichkeitseigenschaften, Werthaltungen, Einstellungen und dgl. - praktisch für alles, was mit Hilfe von Tests oder Fragebögen erfaßt werden soll.

2.2.1. Das Verfahren

Wenn es eine latente Dimension gibt, die das Antwortverhalten der Personen wesentlich bestimmt, so muß es eine Beziehung zwischen den *Personenantworten* und dem *Ausprägungsgrad* dieser Dimension geben. Betrachtet man nur zwei Antwortmöglichkeiten (etwa Zustimmung/Ablehnung oder lösen/nicht lösen), so liegt es nahe, die mathematische Beziehung zwischen der latenten Dimension und der Wahrscheinlichkeit, eine ausgewählte Antwortalternative zu wählen, zu untersuchen. Diese Funktion wird *"traceline"* oder *"Itemcharakteristik"* genannt (vgl. Lazarsfeld, 1950; 1959). Die Form und die Parameter dieser mathematischen Funktionen sind unbekannt. Die Form kann hypothetisch angesetzt werden, die Parameter können aus den Daten geschätzt werden. Lazarsfeld arbeitete zunächst mit der Vorstellung, daß sich die Itemscharakteristika durch *gerade Linien* ausreichend gut approximieren lassen. Dies bringt einige technische Probleme mit sich (so kann die Itemcharakteristik nur Werte zwischen 0 und 1 annehmen, da sie Wahrscheinlichkeiten darstellt) und ist gelegentlich auch inhaltlich nicht plausibel; daher setzte er später komplexere Funktionen, insbesondere *Polynome* höherer Ordnung, an. Hat man eine solche hypothetische Darstellung der Itemcharakteristik, kann man (in Abhängigkeit von unbekannten

Parametern) die Wahrscheinlichkeit für die Antwortmöglichkeiten jedes Items vorhersagen. Da die Items lokal stochastisch unabhängig sein sollen, lassen sich daraus die Wahrscheinlichkeiten für alle Antwortmuster (etwa 1. Item bejaht, 2. verneint, 3. bejaht usf.) ableiten. Die empirisch gefundenen Häufigkeiten für die einzelnen Antwortalternativen, aber auch für die einzelnen Antwortmuster, sind bestimmbar, so daß eine große Zahl beobachtbarer Größen einer relativ geringeren Zahl von unbekannten Parametern (die freien Parameter der Itemcharakteristika und Parameter der Verteilung der Ausprägungsgrade der latenten Dimension der Personen) gegenübersteht. Mit rechentechnisch komplizierten mathematischen Methoden können diese unbekannten Parameter geschätzt werden. Ein Vergleich der tatsächlich gefundenen empirischen Häufigkeiten für die einzelnen Antwortmuster mit den aus geschätzten Parametern vorhergesagten ermöglicht die prinzipielle Überprüfung des Ansatzes. Kann man den Ansatz beibehalten, so ist die Annahme der Eindimensionalität des Fragensatzes bekräftigt. Die inhaltliche Interpretation kann, wie bei einer Guttman-Skala, durch die zusammenfassende Benennung der einzelnen Items geschehen. Für die Kennzeichnung jeder befragten Person ist ihr Schätzwert auf der latenten Dimension allein ausreichend.

2.2.2. Skaleneigenschaften

Für die Bestimmung des Skalenniveaus der Parameterschätzwerte für die latente Dimension muß man die angesetzten Itemcharakteristika berücksichtigen. Hat man z. B. die Form

$$p_i = x + b_i$$

p_i = Wahrscheinlichkeit, Item i zu "lösen"
b_i = Modellparameter für Item i
x = latente Dimension

gewählt, so können nur additive Veränderungen der latenten Dimension bei Beibehaltung des Modells durch Veränderung der b_i aufgefangen werden. Die latente Dimension wäre somit auf dem Niveau einer *Differenzenskala* festgelegt. Hätte man angesetzt

$$p_i = a_i \cdot x$$

a_i = Modellparameter für Item i

so können multiplikative Veränderungen der latenten Dimensionen durch eine Veränderung der Parameterwerte absorbiert werden. Die x-Werte würden demnach auf einer *Rationalskala* liegen. Bei einem linearen Ansatz erhält man Intervallskalen usf. Für die Interpretation ist zu bedenken, daß die jeweils erhaltene metrische Skala nur *innerhalb* des speziellen Modellansatzes Gültigkeit hat. Vor Festlegen der jeweiligen Form der Itemcharakteristik hat man keine Information über die Beschaffenheit der latenten Dimension. Das Vorgehen ist zwar technisch anders, aber man kann sich vorstellen, daß durch die Wahl der 1. Itemcharakteristik erst eine spezielle Form der latenten Dimension festgelegt wird (die Personenparameter werden so "gestaucht", daß die gewählte Form der Itemcharakteristik erfüllt ist; da über die Dimension der Personenparameter von vornherein nichts bekannt war, ist jede beliebige Stauchung bzw. Zerrung zulässig). Es ist dann eine empirische Frage, ob die Itemcharakteristika für die *anderen* Items zu dieser ersten, im Prinzip *völlig frei* wählbaren Charakteristik passen. So könnte man etwa, wenn drei Items vorliegen, als Itemcharakteristik für jedes dieser drei Items eine gerade Linie annehmen. Paßt das Modell

$$p_i = a_i \cdot x + b_i,$$

so paßt stets auch

$$p_i = a_i \cdot (x^5 + 3 \cdot x^4 + \log x + 10^x) + b_i,$$

da man nur eine andere *Festlegung der latenten Dimension* (x wird zu $x^5 + 3 \cdot x^4 + \log x + 10^x$) angesetzt hat. In dieser Weise lassen sich *beliebige* Funktionen von x ansetzen. Für die Beurteilung der Skaleneigenschaft ergibt sich daraus das Problem, daß nur innerhalb eines gewählten Ansatzes die Modellparameter bis auf die für die jeweilige metrische Skala zulässigen Operationen festgelegt sind. Wenn aber die Wahl der Itemcharakteristika *nicht* inhaltlich bestimmt ist (wie fast immer, da kaum entsprechende Theorien vorliegen), sondern nach dem Gutdünken des Untersuchers bzw. nach Kriterien der einfachen mathematischen Handhabbarkeit erfolgt, sind alle Ansätze, die mit gleicher Güte die empirischen Daten beschreiben, gleichwertig. Solange man beliebige Transformationen der latenten Dimension, soweit sie nur durch entsprechende Änderungen der Itemcharakteristika aufgefangen werden können, zuläßt, ist die Skala festgelegt bis auf beliebige, eindeutige Veränderungen und hat damit nur Nominalskalenniveau.

In den meisten Fällen kann man aus inhaltlichen Gründen annehmen, daß die Itemcharakteristika *monoton* sein müßten: Bei zunehmender Ausprägung der latenten Eigenschaft steigt die Wahrscheinlichkeit für eine bestimmte Antwortalternative. In diesem Fall können nicht beliebige Veränderungen der zugrunde liegenden Dimensionen vorgenommen werden, da diese Monotoniebeziehung erhalten bleiben muß. Kann man die entsprechenden Annahmen inhaltlich begründen, ist die Skala eindeutig bis auf beliebige monotone Transformationen und hat somit das Niveau einer Rangskala. Die inhaltliche Interpretation der erhaltenen "Dimension" scheint nur sinnvoll zu sein, wenn wenigstens dieses Skalenniveau vertreten werden kann. Die Interpretation ist schon schwierig, wenn die jeweilige Dimension nur Rangskalenniveau hat; wenn nominalskalierte Parameterschätzwerte vorliegen, fehlt jede Vergleichbarkeit mit dem üblichen Dimensionsbegriff.

Die hier aufgetretene Schwierigkeit, daß *zwei* "Skalenniveaus" vorliegen (einmal bestimmt durch die Invarianz der Modellparameter bei Annahme des Modells, das andere Mal bestimmt durch die inhaltlich gleichwertigen Modellansätze mit identischer Beschreibungsgüte) ist charakteristisch für alle Modelle auf der Basis von Itemcharakteristika. Wenn keine stichhaltige inhaltliche Begründung für die spezielle Wahl einer Itemcharakteristik gegeben werden kann, sollte man die erhaltenen Schätzwerte stets nur als Rangskalen bezüglich der *latenten* Variable auffassen, also etwa bei Vergleichen mit anderen meßbaren Größen nur parameterfreie Verfahren verwenden. Dieses Problem stellt sich bei allen Ansätzen mit "latenten" Dimensionen.

2.2.3. Weiterentwicklungen

Die Forderung, daß die beobachteten Zusammenhänge zwischen den Items durch eine einzige Dimension erklärt werden können, ist relativ restriktiv. Analog zur mehrfachen partiellen Korrelation liegt es nahe, *mehrere latente Dimensionen* simultan zuzulassen (siehe Lazarsfeld, 1959). Diese Erweiterung ist formal relativ einfach - es genügt im wesentlichen, die Itemcharakteristika als Funktion von zwei oder mehreren latenten Dimensionen darzustellen -, doch bereitet die rechentechnische Bearbeitung entsprechender Probleme nicht unbeträchtliche Schwierigkeiten. Aus diesem Grund liegen bedauerlicherweise kaum Studien vor, an denen man die empirische Tauglichkeit dieses Ansatzes beurteilen könnte. Eine andere sinnvolle Erweiterung ist die Betrachtung von Items, die sich nicht alternativ, sondern *mehrstufig* beantworten lassen. Auch hier ist das Prinzip der Erweiterung relativ einfach, die rechentechnische Bearbeitung allerdings ebenfalls komplex. In vielen Anwendungsfällen zieht man die Zusammenfassung der mehrstufigen Antworten zu zwei Kategorien vor.

2.2.4. Überprüfung des Modells

Wie schon in 2.2.1. ausgeführt, kann die Testung der Modelladäquatheit durch den Vergleich zwischen den empirisch gefundenen Häufigkeiten der einzelnen Antwortmuster und den aus dem Modell vorhergesagten Häufigkeiten erfolgen. Als formale Methoden bieten sich entweder Chi-Quadrat-Ansätze an, es können auch Likelihood-Quotienten-Tests eingesetzt werden.

Ein grundlegendes Problem bei jeder solchen Modellprüfung ist, daß a priori keine Chance besteht, daß das Modell die Daten *völlig exakt* beschreibt. Es kann als inhaltlich ausgeschlossen gelten, daß das Antwortverhalten der Personen tatsächlich nur durch eine einzige systematische Variable beeinflußt wird. Hinzu kommt, daß die gewählten Itemcharakteristika die tatsächlichen Verhältnisse möglicherweise weitgehend, aber niemals völlig exakt beschreiben können. Da die Gültigkeit des Modells für die Modellüberprüfung die *Nullhypothese* im Sinne der Neyman-Pearson-Testtheorie darstellt, kann prinzipiell nur geprüft werden, ob die Modellabweichungen "signifikant" sind, also ob sie ein solches Ausmaß erreicht haben, daß die Nullhypothese nicht beibehalten werden kann. Diese Signifikanzaussage hängt nun wesentlich von der Trennschärfe des verwendeten Ansatzes, von der Zahl der untersuchten Personen, ab. Hat man nur wenige Personen zur Verfügung, wird man ein sehr schlechtes Modell beibehalten können, da auch relativ große Abweichungen bei einer geringen Trennschärfe als zufallsbedingt aufgefaßt werden können. Liegen sehr viele Beobachtungen vor, kann ein sehr gutes, die tatsächlichen Verhältnisse weitgehend richtig beschreibendes Modell verworfen werden. Für die Modelltestung ergibt sich daraus die Konsequenz, daß man *zusätzlich* zur Signifikanz der Abweichungen auch noch deren Größe berücksichtigen sollte. Die Festlegung, ab welcher Abweichung man das Modell verwerfen möchte - unabhängig von der Signifikanz -, kann jedoch häufig nur willkürlich erfolgen. Dies kann dazu führen, daß je nach den Präferenzen des jeweiligen Forschers signifikant abweichende Ansätze mit dem Hinweis auf die hohe Trennschärfe beibehalten oder nicht signifikante Modellansätze im Hinblick auf eine evtl. zu geringe Trennschärfe der Überprüfung verworfen werden. Dieses Dilemma ist aber kein spezielles Problem der Latent-Structure-Analyse, sondern zeigt sich stets bei der Überprüfung von Modellen. Man sollte daher danach trachten, die Ergebnisse und insbesondere deren inhaltliche Interpretation durch eine zweite, darauf aufbauende Untersuchung zu überprüfen.

Die dargestellten Schwierigkeiten gelten in besonderem Maße für die mehrdimensionalen Ansätze.

2.2.5. Probleme

Die Hauptschwierigkeit bei der Anwendung der Latent-Structure-Analyse ist die Wahl der *Itemcharakteristika*. Da nur selten aus inhaltlichen Überlegungen eine spezielle Form abgeleitet werden kann, ist der Forscher auf einen willkürlichen Ansatz angewiesen. Zeigt sich, daß der gewählte Ansatz die Daten nicht ausreichend beschreibt, so kann nicht entschieden werden, ob die Annahme der Eindimensionalität falsch ist oder nur die zufällig gewählten Itemcharakteristika den Gegenstandsbereich nicht ausreichend beschreiben. Da ein mehrfaches Probieren verschiedener Ansätze am selben Datenmaterial nicht zu vertreten ist - sonst findet man in jedem Fall irgendwann eine halbwegs passende Form -, wird man sich meist an Vorstudien oder an Überlegungen der mathematischen Einfachheit orientieren. Man sollte allerdings diese Schwierigkeit nicht überbewerten: Die in faktorenanalytischen Arbeiten üblichen Annahmen der linearen Zusammenhänge sind ebenso willkürlich und inhaltlich nicht zu begründen wie die Annahme einer speziellen Itemcharakteristik, nur hat man sich bei diesen Arbeiten infolge der oft fehlenden Alternativen eher daran gewöhnt.

Auf die Schwierigkeiten der *Bestimmung des Skalentyps* und die dadurch verursachten Probleme der Interpretation wurde schon hingewiesen. Wenn man vorsichtig arbeitet und sich, wenn irgend möglich, an inhaltlichen Theorien orientiert, ist trotz dieser Schwierigkeit eine Interpretation der erhaltenen Dimension möglich. Das Problem der unbestimmten Skaleneigenschaft sollte man ebenfalls nicht allzu stark gewichten, da es derzeit noch kaum psychologische Theorien gibt, die über die Vermutung von ordinalen Beziehungen hinausgehen. Die Monotonie der Itemcharakteristika und damit das Vorliegen einer Rangskala für die Parameterschätzwerte auf der latenten Dimension sind in den meisten Fällen inhaltlich plausibel zu vertreten. Durch die ausreichende Verbreitung von statistischen Methoden, die nur auf Ranginformation aufbauen, ist auch die weitere Verrechnung der erhaltenen Schätzwerte kein großes Problem.

Außerordentlich unangenehm sind die Probleme der *Überprüfung des Modells*. Solange keine Forschungsstrategie entwickelt wird, die diese Schwierigkeit umgeht, muß man sich mit eher unbefriedigenden Hilfslösungen begnügen.

Die notwendigen umfangreichen *Rechenarbeiten* stellen ein spürbares Hindernis für die praktische Anwendung dieses Verfahrens dar (vgl. Anderson, 1954; McHugh, 1956). Bei Problemen der Größenordnung, wie sie sich in üblichen Forschungsarbeiten ergeben, ist an eine Auswertung mit Tischrechenmaschinen nicht zu denken; es müssen elektronische Datenverarbeitungsanlagen eingesetzt werden. Bedauerlicherweise sind für dieses Verfahren - sehr im Gegensatz etwa zu faktorenanalytischen Techniken - in den Standardprogrammbibliotheken keine entsprechenden Auswertungsroutinen vorhanden. Man sollte sich daher ggf. rechtzeitig um die Beschaffung entsprechender Programmsysteme kümmern, da sonst u. U. die Anwendung des Verfahrens durch die monatelange Wartezeit bzw. durch die umfangreichen Entwicklungsarbeiten unmöglich gemacht wird.

Trotz dieser Probleme kann die Latent-Structure-Analyse insbesondere bei der Verrechnung von alternativ beantworteten Fragen oft nutzbringend eingesetzt werden.

2.3. Das BTL-Verfahren

Lit.: notwendig: Luce, 1959; oder andere Darstellung des choice-axiom etwa Luce & Galanter, 1963; Torgerson, 1958.
günstig: Albert, 1978; Bradeley, 1976; Bradley & Terry, 1952; Luce, 1963; Pfanzagl, 1971; Sternberg, 1963; Suppes & Zinnes, 1963.

Sowohl bei der Skalogrammanalyse als auch bei der Latent-Structure-Analyse war der Ausgangspunkt der Überlegungen der Versuch, die Kennzeichnung einer Person hinsichtlich der Beantwortung einer Reihe von Agenzien (Intelligenzitem, Einstellungsfragen etc.) durch eine einzige Maßzahl zu erreichen. Dies ermöglicht dann einen Vergleich der Personen hinsichtlich der gefundenen latenten Dimension aufgrund dieser Maßzahl allein. Weitere Forderungen werden in beiden Ansätzen nicht an diesen Vergleich gestellt. Der Ausgangspunkt des meßtheoretischen Ansatzes, der als BTL-Verfahren (siehe Bradley & Terry, 1952; Luce, 1959; Pfanzagl, 1971) bekannt ist, setzt an diesem Punkt ein.

In einer Reihe von inhaltlichen Fragestellungen wird ein Vergleich von Objekten mit anderen Objekten der gleichen Art angestrebt. So sollten etwa bei Befragungen die Personen angeben, welcher der vorgegebenen Politiker ihnen besonders sympathisch ist, welches Waschmittel sie bevorzugen, welcher der gebotenen beiden Reize der intensivere ist, etc. In diesen Fällen liegt nur *eine* Gruppe von Objekten vor (Politiker, Waschmittel, Reize, etc.), die untereinander verglichen werden. Die befragten Personen werden als homogen aufgefaßt, d. h. man geht davon aus, daß in der gewählten Population die Bevorzugungswahrscheinlichkeiten im wesentlichen für alle Personen gleich sind.

Ein oft eingeschlagenes Vorgehen ist, die zu untersuchenden Objekte den Personen paarweise vorzugeben und sie nach der "Bevorzugung" bei jedem solchen Paar zu fragen. Aus diesen Antworten wird dann auf die "Bevorzugung" der einzelnen Objekte geschlossen. Man nennt dieses Vorgehen auch die *"Methode des Paarvergleichs"*. Diese Technik ist von der praktischen Durchführung her mühsam, insbesondere wenn eine größere Zahl von Objekten verglichen werden soll. So sind bei fünf zu vergleichenden Objekten schon zehn Vergleiche nötig, bei zehn Objekten müssen 45 Vergleiche durchgeführt werden usf. Aus der Sicht der Belästigung der befragten Personen ist es einfacher, etwa nur nach dem beliebtesten Objekt zu fragen und als Kennzeichnung der Beliebtheit der Objekte die Häufigkeit dieser Antwort für jedes Objekt heranzuziehen. Bei einem solchen Vorgehen wird jedoch implizite eine eindimensionale Rangordnung der Objekte angenommen, die nicht überprüft werden kann (da ja am Schluß für jedes Objekt nur eine einzige Maßzahl zur Verfügung steht, die zwangsläufig nur den Rückschluß auf eine latente Dimension zuläßt). Ähnliche Probleme treten auf, wenn man jede Person um die Erstellung einer Rangordnung aller Objekte bittet. Gerade die Frage nach dem Bestehen der eindimensionalen Ordnung ist für inhaltliche Fragestellungen oft bedeutsamer als das Ermitteln der tatsächlichen Rangfolge.

Um die *Eindimensionalität* zu überprüfen, könnte man im Prinzip einen der Ansätze der vorhergehenden beiden Abschnitte heranziehen. Wählt man eines der Objekte aus, so kann man jedes der anderen Objekte als "Item" auffassen. Dieses Item gilt als "gelöst", wenn das gewählte Basisobjekt diesem "Itemobjekt" vorgezogen wird. Läßt man nun den "Beliebtheitswert" des Basisitems variieren, so erhält man für jeden Ausprägungsgrad dieser Dimension die Wahrscheinlichkeit, daß ein bestimmtes "Itemobjekt" gelöst wird. Diese Funktion entspricht der Itemcharakteristik bei der Latent-Structure-Analyse (vgl. Dia 2).

Dia 2: Vergleichskurven für verschiedene Parameter im BTL-Modell

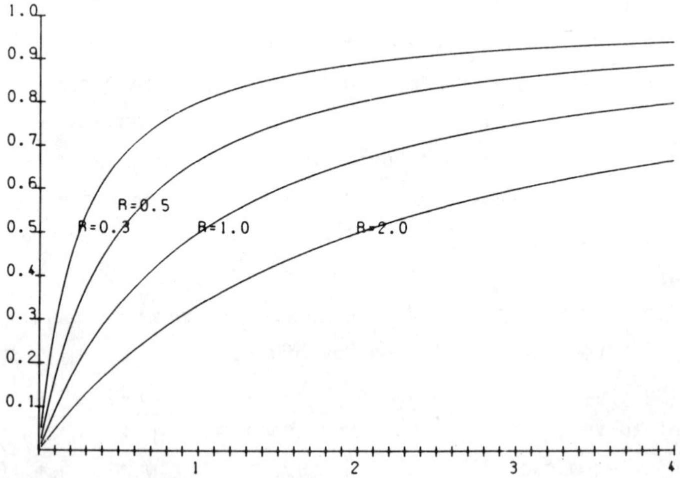

Ebenso wie dort könnte man auch hier eine möglichst einfache mathematische Funktion zur Beschreibung der einzelnen Itemcharakteristika einsetzen und versuchen, die unbekannten Parameter zu schätzen. Diese Schätzwerte würden dann die Basis für den eindimensionalen Vergleich der Objekte darstellen. Etwas unrealistisch, aber im Prinzip möglich wäre auch ein Ansatz entsprechend der Skalogrammanalyse. Man könnte hier fordern, daß das "beliebtere" Objekt stets allen weniger beliebten vorgezogen wird. In diesem Falle müßte man ganz spezifische Antwortmuster erhalten, die über die Personen hinweg nicht variieren dürften. Auch dies könnte in Form der obigen Itemcharakteristika dargestellt werden; doch widerspricht der deterministische Ansatz den Erfahrungen hinsichtlich der wechselnden Antworten der Versuchspersonen. Hier kommt noch zusätzlich zu den Schwankungen einer Person hinzu, daß mehrere Personen befragt werden und sich diese auch bei Vorliegen derselben latenten Struktur in den geäußerten Antworten in aller Regel unterscheiden werden. Bei dem Ansatz der Latent-Structure-Analyse ist die Wahl der Itemcharakteristika willkürlich. Der interessante Beitrag des BTL-Verfahrens besteht darin, diese willkürliche Wahl durch eine Forderung an Vergleichseigenschaften zwischen den Objekten zu ersetzen.

2.3.1. Das Verfahren

Wenn man etwa die "Beliebtheit" eines Objektes feststellen möchte, so sollte diese Kennzeichnung unabhängig vom zufälligen Kontext sein. Möchte man etwa mit Hilfe dieser Maßzahl zwei Politiker hinsichtlich ihrer Beliebtheit vergleichen, so soll dieser Vergleich nicht davon abhängen, ob in die Analyse zusätzlich noch ein bestimmter dritten Politiker einbezogen wurde. Ebenso sollte die Bevorzugungswahrscheinlichkeit eines Politikers gegenüber zwei anderen nicht davon abhängen, ob noch weitere bestimmte Politiker aufgenommen wurden usf. Die Bedingung, daß der Vergleich zweier Reize unabhängig von der Obermenge der Reize ist, nennt man auch "choice-axiom" (Luce, 1959). Nimmt man die Erfüllung der obigen Forderung als gegeben an, so kann man zeigen (siehe etwa Pfanzagl, 1971; Suppes & Zinnes, 1963), daß folgendes Modell gelten muß: Die Wahrscheinlichkeit, daß das Objekt a vor dem Objekt b bevorzugt wird, läßt sich darstellen als der Dimensionswert des Objektes a, gebrochen durch die Summe der Dimensionswerte a und b:

$$p\ (a\ \text{vor}\ b) = \frac{v_a}{v_a + v_b} \qquad v_a\ (v_b) = \text{Skalenwert von Objekt a (b)}$$

Im allgemeinen Fall, also für die Auswahl eines Objektes aus einer Menge anderer, gilt:

$$p\ (i\ \text{aus}\ I) = \frac{v_i}{\sum\limits_{j \in I} v_j}$$

Liegen n Objekte vor, so enthält dieses Modell n unbekannte Parameter; da $n \cdot (n - 1)/2$ unabhängige Beobachtungen vorliegen, können bei vier oder mehr Objekten die Modellparameter geschätzt werden. Meist bedient man sich zur Durchführung dieser Schätzung der Maximum-Likelihood-Methode.

Es liegt nahe , daß ein "beliebteres" Objekt häufiger bevorzugt wird als ein weniger beliebtes. Tatsächlich kann man zeigen, daß die Summe der Bevorzugungen in allen möglichen Paaren eine erschöpfende Statistik für den Dimensionsparameter des jeweiligen Objektes darstellt. Die geschätzten Modellparameter stehen in einer monotonen Beziehung zu dieser einfach zu erhaltenden Maßzahl.

2.3.2. Skalenprobleme

Wie man leicht sieht, können die Dimensionswerte durch die Multiplikation mit einer beliebigen Konstante verändert werden, ohne daß der Modellansatz seine Gültigkeit verliert, da sich diese Konstante in Zähler und Nenner aufhebt. Weitere Unbestimmtheiten treten bei der Schätzung der Modellparameter nicht auf, so daß bei Annahme dieser *speziellen Modellform* die Parameter auf einer Rationalskala erfaßt werden. Daraus ergibt sich die gelegentlich zu lesende Interpretation, daß eine Messung der "Beliebtheit" (bzw. der jeweils erfaßten Eigenschaften) auf einem so hohen Meßniveau bei Ansatz des BTL-Verfahrens möglich sei. Bedauerlicherweise ist diese Aussage für die gesuchte *latente* Dimension falsch.

Ebenso wie bei dem Ansatz von Lazarsfeld kann die Modellstruktur weitgehend verändert werden, ohne daß die Beschreibung der Daten durch dieses Modell verändert wird (Suppes & Zinnes, 1963). So könnte man etwa der Meinung sein, daß die in einem theoretischen Kontext sinnvolle Variable, die den Vergleichen zwischen den Objekten zugrunde liegt, hier in einer anderen funktionalen Form auftritt als in einem anderen Meßvorgang. Bezeichnet man diese theoretische Variable mit y und die Dimensionsparameter mit x, so kann man weitgehend beliebige funktionale Beziehungen zwischen diesen beiden Größen zulassen. Setzt man etwa (vgl. Suppes & Zinnes, 1963)

$$x = y^k,$$

so erhält das Modell die Gestalt

$$p\ (i \text{ aus } I) = \frac{{y_i}^k}{\sum\limits_{j \in I} {y_j}^k}$$

Man kann aber auch wesentlich kompliziertere Zusammenhänge annehmen, so etwa

$$x = e^{\ln(e^y - 1)}.$$

Da es keinen Grund gibt, warum diese Modellveränderung nicht zulässig sein sollte, können die Quotienten der Skalenwerte inhaltlich nicht sinnvoll interpretiert werden.

In den meisten Fällen kann aus den theoretischen Vorstellungen heraus angenommen werden, daß die "Bevorzugung" eines Objektes mit steigendem Ausprägungsgrad der latenten Dimension zunimmt. Da die Wahrscheinlichkeit der Bevorzugung eine monotone Funktion des zugeordneten Modellparameters ist, können in einem solchen Fall nur *monotone* Beziehungen zwischen der Modelldimension und der latenten theoretischen Dimension angesetztwerden. Daraus folgt, daß Aussagen über die Ordnungsrelationen der Objekte anhand der Modellparameter bei jedem in diesem Sinne zulässigen Modellansatz erhalten bleiben. Die Modellparameter können dann im Sinne einer Ordinalskala interpretiert werden.

Da bei Modellgültigkeit die Anzahl der Bevorzugungen eines Objektes gegenüber allen anderen im paarweisen Vergleich in einer monotonen Beziehung zu den Schätzwerten der Ausprägungsgrade der latenten Dimension der Objekte steht, enthält diese Maßzahl bezüglich der inhaltlichen Interpretationsmöglichkeit alle Informationen, die durch Berechnung der Modellparameter erhalten werden kann. Die Durchführung der Schätzung bringt demgemäß keinen Gewinn bezüglich der Interpretierbarkeit der Maßzahlen. Der entscheidende Vorteil bei der Anwendung des BTL-Verfahrens besteht nicht in der Bestimmung der Modellparameter, sondern in der Möglichkeit, durch Überprüfung der Güte des Modells festzustellen, ob die Forderungen des choice-axiom erfüllt sind. Ist die Modellanpassung ausreichend, kann man mit der Gesamtzahl der Bevorzugungen ebenso weiterarbeiten wie mit den geschätzten Modellparametern; sind große Abweichungen zwischen den Daten und den Modellvorhersagen, ist der Vergleich zwischen Objekten davon abhängig, welche anderen Objekte noch mit in den Vergleich eingehen - in diesem Fall kann die Anzahl der Bevorzugungen nicht als eine leicht interpretierbare Kenngröße des Objektes herangezogen werden; es liegen dann kompliziertere Verhältnisse (etwa mehrere latente Dimensionen, die gleichzeitig zum Vergleich herangezogen werden) vor.

2.3.3. Erweiterungen

Das choice-axiom wurde nicht nur als Grundlage zur Analyse von Paarvergleichsdaten angewandt. Dieses Modell kann u. a. auch Wahrnehmungsexperimenten und Lernvorgängen zugrunde gelegt werden (vgl. Luce 1963). Bei Wahrnehmungsexperimenten beschäftigt man sich mit der Frage, wie man die Wahrscheinlichkeit des Erkennens eines bestimmten Reizes aus einer Menge von möglichen bzw. die Wahrnehmung eines Reizes im Gegensatz zur Nichtdarbietung des Reizes beschreiben kann. Bei Lernexperimenten geht es um die Abbildung der Veränderung der "Antwortstärke" der einzelnen möglichen Reaktionsweisen - so etwa die Veränderung dieser Antwortstärken aufgrund von Erfolg, Belohnung oder dgl. Zu beachten ist, daß bei diesen Anwendungsfällen die Grenze zwischen der Modellerstellung aufgrund wünschenswerter Vergleichseigenschaften und der formalisierten Abbildung psychologischer Hypothesen (vgl. 3.2., 3.3.) verschwimmt. So einleuchtend und zweckmäßig der Ansatz des Wahlaxioms als Grundlage von Meßvorgängen erscheint, so problematisch scheint es, die Erfüllung dieser Annahme etwa bei komplexeren Lernvorgängen anzusetzen.

Empirischen Beobachtungen zufolge zeigen insbesondere bei Wahrnehmungsexperimenten manche Versuchspersonen die Tendenz, bestimmte Antworten zu bevorzugen, und zwar unabhängig von der objektiven Reizdarbietung. Um solche systematischen Fehler, die etwa durch unterschiedliche "Belohnung" der einzelnen Antwortalternativen entstehen können, in dem Modell zu berücksichtigen, wurde der Ansatz durch Hinzunahme entsprechender Parameter erweitert (siehe etwa Luce & Galanter, 1963; andere Verallgemeinerungen finden sich bei Bradley, 1976).

Eine andere Erweiterungsmöglichkeit ist, hypothetische Vorstellungen über die Zusammensetzung der Modelldimension von vornherein in das Modell einzubauen. Die Modellparameter ergeben sich dann als eine spezielle Funktion der Auswirkungen von beobachtbaren Größen (vgl. 2.4.3.). Bei diesen Erweiterungen tritt die inhaltliche Bedeutung des choice-Axiom hinter der einfachen mathematischen Darstellung zurück (vgl. etwa Sternberg, 1963; Albert, 1976).

2.3.4. Überprüfung des Modells

Die Probleme und Ansätze der Modelltestung sind ähnlich den in 2.2.4. geschilderten. Besonders schwierig ist auch hier die Beurteilung der Ergebnisse in Abhängigkeit von der "Trennschärfe" des Vorgehens.

Für die Entwicklung von Prüfverfahren kann man entweder von den geschätzten Parametern ausgehen und die damit abgeleiteten Vorhersagen bezüglich der Daten mit diesen vergleichen (parametrischer Modelltest) oder Verfahren entwickeln, die ohne Bestimmung dieser Schätzwerte - etwa durch Prüfen der Modellvoraussetzungen - auskommen (parameterfreie Modelltests). Als parametrische Tests bieten sich wieder Likelihood-Quotienten-Tests, Chi-Quadrat-Ansätze auf der Basis der Häufigkeit von Antwortmustern und Vergleiche der Parameterschätzwerte aus verschiedenen Personengruppen an.

Parameterfreie Ansätze kann man entweder auf den Forderungen des choice-axiom direkt aufbauen (wenn Objekt a vor b bevorzugt wird, dann sollte für jedes Objekt die Bevorzugungshäufigkeit von a gegenüber c größer sein als von b gegenüber c; eine andere Erhebungssituation, z. B. teilweise andere Objekte, darf die Reihenfolge der verbleibenden Objekte nicht verändern; die relativen Bevorzugungshäufigkeiten müssen in verschiedenen Personengruppen annähernd gleich bleiben, etc.) oder auch die formale Modellstruktur zusätzlich berücksichtigen (aus den Bevorzugungen "a vor b" und "b vor c" läßt sich die Wahrscheinlichkeit von "a vor c" berechnen (vgl. 3.1.2.) und mit der empirisch gefundenen vergleichen; bei Gültigkeit des Modells können aus den paarweisen Vergleichen Vorhersagen auf die Bevorzugung von einem Objekt gegenüber mehreren anderen gleichzeitig abgeleitet werden, etc.).

2.3.5. Probleme

Die praktischen Schwierigkeiten bei *Erhebung* des Datenmaterials für das Paarvergleichsverfahren und die speziellen Probleme bei der Interpretation der *Skaleneigenschaften* wurden schon in den vorhergehenden Abschnitten diskutiert. Bei einem Ansatz des auf dem Wahlaxiom basierenden Modells für *inhaltliche* Forschungsprobleme zeigt sich deutlich die schwierige Frage, ob für inhaltliche Probleme einfache, auf der Forderung nach Vergleichen oder anderen wünschenswerten Meßeigenschaften basierende Modelle eingesetzt werden sollen.

Wie schon im Abschnitt 2.2.5. diskutiert, stellt die *Modellüberprüfung* mit empirischem Datenmaterial ein erhebliches Problem dar. In vielen Fällen kann infolge mangelnder Trennschärfe der einfache Modellansatz, der sich nicht an inhaltlichen Vorstellungen orientiert, zu einer ausreichenden Beschreibung des Datenmaterials führen. Werden große Abweichungen gefunden, werden meist Modellmodifikationen vorgenommen (vgl. etwa Luce & Galanter, 1963).

Ein weiteres Problem ergibt sich aus der Notwendigkeit, durch Befragen von Versuchspersonen Schätzungen für die einzelnen Bevorzugungswahrscheinlichkeit zu erhalten. Dies kann entweder durch die häufige Vorlage des Reizmaterials an eine Person oder durch die Verwendung einer größeren Anzahl von Versuchspersonen erfolgen. Wird nur eine Person verwendet, kann durch Lern- bzw. Ermüdungseffekte eine wesentliche Verzerrung der Ergebnisse auftreten. Bei einer größeren Anzahl von Personen würde es hingegen plausibel sein, daß sich diese Personen hinsichtlich ihrer "Bevorzugungen" auch in systematischer Art unterscheiden. Zwar kann eine entsprechende Hypothese abgetestet werden, indem man etwa die Bevorzugungshäufigkeiten einer Personengruppe mit denen einer anderen vergleicht; doch gestattet das Modell von seiner Struktur her nicht die Ermittlung von Parametern, die für einzelne Personen charakteristisch wären.

2.4. Das logistische Modell

Lit.: notwendig: Fischer, 1974; Rasch, 1960; Rasch ("Verteilungsanalyse"), beides im wesentlichen in Fischer, 1974, enthalten.
günstig: Birnbaum, 1958; Birnbaum, 1968; Breinbauer, 1974; Fischer & Spada, 1973; Kempf, 1974; Lazarsfeld, 1959, Micko, 1970; Scheuch, 1962; Wechsler HAWIE, 1964.

Die Grundlage des BTL-Verfahrens ist eine sinnvolle Forderung an die Interpretationsmöglichkeit von Vergleichen der betrachteten Objekte. Ist diese Forderung erfüllt, wobei implizite die Gleichheit aller Personen bezüglich der Vergleichsbeurteilung angenommen wird, kann auf eine latente Dimension zurückgeschlossen werden. Dieses Verfahren ist aber aufgrund der Homogenitätsannahme bezüglich der Personen für die meisten psychologischen Fragestellungen nicht anwendbar. Der Ansatz der Latent-Structure-Analyse (und die Skalogrammanalyse, die einen Spezialfall davon darstellt) ist der typischen Forschungssituation der Psychologie, in der verschiedene Objekte verschiedenen Agenzien ausgesetzt werden, angemessener. Hier stört allerdings die Willkürlichkeit der Wahl der Itemcharakteristik. Der Vorteil des Ansatzes von G. Rasch, 1960, besteht darin, durch sinnvolle Forderungen an die Vergleichseigenschaften der latenten Dimension, sowohl für die Objekte als auch für die Agenzien die Willkürlichkeit bei der Wahl der Itemcharakteristika weitgehend eingeschränkt zu haben.

Im choice-axiom wird gefordert, daß ein Vergleich zwischen den

Objekten nicht von der Obermenge der Objekte, die in den Vergleich miteinbezogen werden können, abhängt. Liegt nun eine Test- bzw. Befragungssituation vor, so erfolgt der Vergleich zwischen den Objekten mit Hilfe der entsprechenden Items (Agenzien). Rasch forderte nun zusätzlich, daß der Vergleich zwischen den Objekten nicht von der *zufälligen* Auswahl der Agenzien abhängen soll. Dies bedeutet insbesondere, daß für jede Teilmenge der zum Vergleich herangezogenen Agenzien das Ergebnis des Vergleiches zweier Objekte gleich sein soll. Zusätzlich wird analog dazu verlangt, daß auch der Vergleich zweier Agenzien anhand der Objekte nicht von der zufälligen Auswahl der Objekte und auch nicht von den noch mit in den Vergleich aufgenommenen Agenzien abhängt. Da überdies die Objekte anhand der Agenzien und umgekehrt die Agenzien anhand der Objekte prinzipiell vergleichbar sein müssen, kann man diese Forderung auch kürzer und unpräziser formulieren: Die Vergleiche sollen stets möglich und stets eindeutig sein. Rasch nennt diese Forderung "spezifische Objektivität".

Das Zusammenkommen von Objekt und Agens führt zu einem bestimmten, zumindest im Prinzip faßbaren Ereignis, das als Grundlage der Vergleiche genommen werden kann. In einem deterministischen Ansatz würde diesem Zusammentreffen eine feste Zahl zugeordnet werden; da aber in nahezu allen psychologischen Fragestellungen probabilistische Modelle sinnvoller eingesetzt werden können, wurde das Zusammenkommen eines bestimmten Objekts mit einem bestimmten Agens durch die Wahrscheinlichkeiten der einzelnen Reaktionsmöglichkeiten charakterisiert. Liegen nun zwei Antwortalternativen vor und reicht eine Dimension zur Kennzeichnung der Objekte aus, so kann über dieser latenten Dimension die Itemcharakteristik für jedes Agens definiert werden. Für jedes Objekt, entsprechend einem bestimmten Ausprägungsgrad der latenten Dimension, gibt es eine Antwortwahrscheinlichkeit für die ausgewählte Alternative jedes Agens.

Zunächst folgt aus der Forderung der spezifischen Objektivität, daß sich die Itemcharakteristika *nicht schneiden* dürfen. Als Vergleichsgrundlage dient die Antwortwahrscheinlichkeit, und nach der Forderung der spezifischen Objektivität darf der Vergleich zwischen zwei Items nicht von der zufällig gewählten Person abhängen. Wählt man nun zunächst eine Person "links" von der Schnittstelle, so gilt etwa, daß die Lösungswahrscheinlichkeit des i-ten Items kleiner ist als die des j-ten; wählt man danach eine Person rechts von der Schnittstelle, so muß sich diese Beziehung umdrehen. Dies wäre ein Widerspruch zur Forderung nach Unabhängigkeit des Vergleichs der Agenzien von der zufällig gewählten Person. Durch ähnliche Überlegungen läßt sich leicht zeigen, daß alle Itemcharakteristika in gleicher Richtung monoton darstellbar sein müssen.

Über diese schon sehr weitgehenden Einschränkungen hinaus kann man zeigen, daß die Itemcharakteristik als Funktion der Summe eines "Personenparameters" und eines "Itemparameters" angebbar sein muß. Der entsprechende Beweis wurde in etwas unbefriedigender Form von Rasch ("Verteilungsanalyse") gegeben (siehe etwa in Fischer, 1974; 412 - 419). Eleganter ist der im Rahmen des conjoint measurement geführte, auf stärker formalisierten, aber inhaltlich analogen Annahmen aufbauende (besonders deutlich im mehrfaktoriellen Fall) Beweisgang (Pfanzagl, 1971; Theorem 9.4.4., Seite 150). Man kann leicht zeigen, daß aus diesem Ergebnis auch folgt, daß die Itemcharakteristik als Funktion des Produkts entsprechend modifizierter Parameter darstellbar sein muß. Durch diese Bedingungen ist die Wahl der Itemcharakteristika im wesentlichen festgelegt.

2.4.1. Verfahren

Zur Beschreibung des empirischen Datenmaterials ist eine Funktion der Summe (oder des Produkts) der Personen- und Itemparameter gesucht, die die Wahrscheinlichkeit einer bestimmten Antwortalternative zum Ausdruck bringen soll und daher im wesentlichen zwischen 0 und 1 liegen muß; überdies soll der Ansatz möglichst einfach sein. Rasch, 1960, wählte zunächst die Funktion

$$p_{ij} = \frac{o_i \cdot s_j}{1 + o_i s_j}$$

p_{ij} = Wahrscheinlichkeit, daß Vp_i das Item j löst

o_i, s_j = Modellparameter (Objekt i, Item j)

Da hierbei einige technische Probleme auftreten (so müssen etwa alle Parameter stets positiv sein), verwendet man statt dessen meist den Ansatz

$$p_{ij} = \frac{e^{o_i' + s_j'}}{1 + e^{o_i' + s_j'}} \qquad \begin{array}{l} o_i' = \ln o_i \\ s_j' = \ln s_j \end{array}$$

Wie bei der Latent-Structure-Analyse kann für ein Item die Funktion willkürlich gewählt werden, da dadurch erst die latente Dimension (abgesehen von der Rangfolge) festgelegt wird. Fraglich ist nur, ob die anderen Items zu der einmal gewählten Struktur passen.

Mit diesem Ansatz kann eine hypothetische Aussage über die Lösungswahrscheinlichkeit jeder Person bei jedem Item in Abhängigkeit von den unbekannten Parametern getroffen werden. Da bei Annahme der spezifischen Objektivität die Lösungswahrscheinlichkeit eines Items nicht davon abhängen darf, welche und wieviel andere Items vorausgingen, folgt daraus auch die Annahme der lokalen stochastischen Unabhängigkeit. Somit kann aus den Wahrscheinlichkeiten auf die Häufigkeit der einzelnen Antwortmuster geschlossen werden. Das Antwortmuster einer Person ist die Grundlage für die Schätzung ihres Parameters und damit für ihre Festlegung auf der latenten Dimension. Ein wichtiger Vorteil dieser Modellform ist, daß zur Schätzung des Personenparameters aus dem Antwortmuster nur die Zahl der gelösten Aufgaben erforderlich ist (vgl. Rasch, 1960; Fischer, 1974).

Für die Erstellung der Schätzfunktionen wurden mehrere Algorithmen entwickelt. Besonders vorteilhaft ist die Methode der bedingten Maximum-Likelihood-Schätzung (siehe etwa Fischer, 1974).

2.4.2. Skaleneigenschaften

Gelegentlich wird Dimensionen, die mit Hilfe des logistischen Modells von Rasch erarbeitet werden können, die Eigenschaft einer metrischen Skala zugeordnet (im multiplikativen Ansatz Rationalskala, im additiven Ansatz Differenzenskala). Wie etwa beim BTL-Verfahren gelten diese starken Skalen jedoch nur innerhalb des jeweils getroffenen Modellansatzes. Alle Modellforderungen, auch die Eigenschaft der Zahl der gelösten Aufgaben als erschöpfende Statistik, bleiben erhalten, wenn man z. B. ansetzt:

$$p_{ij} = \frac{o_i^{\,k} \cdot s_j^{\,l}}{1 + o_i^{\,k} \cdot s_j^{\,l}}$$ k, l = beliebige reelle Zahlen

oder etwa

$$p_{ij} = \frac{(o_i^{\,5}+o_i^{\,3})\cdot(s_j^{\,8}+s_j^{\,2})}{1+(o_i^{\,5}+o_i^{\,3})\cdot(s_j^{\,8}+s_j^{\,2})}$$

Ganz allgemein kann man sagen, daß zumindest für jedes Modell der Gestalt

$$p_{ij} = \frac{m(o_i) \cdot n(s_j)}{1+(o_i) \cdot n(s_j)}$$ m, n = monoton

alle Modellforderungen erfüllt sind und auch die Güte der Anpassung des Modells an die Daten unverändert erhalten bleibt. Die Auswahl des jeweiligen Ansatzes für die Dimension der Parameter ist willkürlich, so daß nur auf der Rangordnung, falls diese inhaltlich plausibel ist, basierende Aussagen erhalten bleiben. Es wäre auch überraschend, wenn durch die Auswahl ähnlicher Items (dies entspricht der Forderung nach der Erfüllung bestimmter Vergleichseigenschaften) substanzwissenschaftliche Begriffe wie "Intelligenz" ohne irgendeinen inhaltlichen Bezug auf einer Rationalskala erfaßbar wären. *Innerhalb* des angesetzten Modells sind die geschätzten Parameter eindeutig bis auf eine multiplikative bzw. additive Konstante festgelegt.

Eine andere Denkmöglichkeit, die "starke" Skaleneigenschaft zu begründen, wäre die folgende: Da kaum andere realisierbare Ansätze vorhanden sind, die eine Messung der jeweiligen psychischen Eigenschaften auf einer "starken" Skala ermöglichen, könnte die Metrik der Eigenschaft durch den Ansatz des Rasch-Modells festgelegt werden. In diesem Sinne würde durch die Anwendung des logistischen Modells eine bestimmte "Stauchung" der in der Rangordnung festgelegten theoretischen Dimension erfolgen, die den folgenden mathematischen Beziehungen zugrunde gelegt wird. Ein solches Vorgehen würde voraussetzen, daß bei *jeder* Anwendung des logistischen Modells auf Items, die die gleiche latente Dimension erfassen, *dieselbe* Metrik entsteht. Dies ist nicht der Fall.

In den empirischen Anwendungen zeigt sich oft, daß es Items mit sich schneidenden Itemcharakteristika gibt (oft als unterschiedliche "Trennschärfe" bezeichnet). Anschaulich gesehen findet man also "steilere" und "flachere" Itemcharakteristika. Geht man von der hypothetisch vermuteten latenten Dimension "O" aus, so wird ein "normal steiles" Item j etwa die Itemcharakteristik haben

$$p_{ij} = \frac{o_i \cdot s_j}{1 + o_i \cdot s_j} .$$

Ein besonders "flaches" Item l hätte vielleicht

$$p_{ij} = \frac{(\ln o_i) \cdot s_l}{1+(\ln o_i) \cdot s_l} ,$$

und ein "steiles" Item k hätte z. B. die Charakteristik

$$p_{ij} = \frac{o_i^{10} \cdot s_k}{1+o_i^{10} \cdot s_k} .$$

Die angenommenen monotonen Funktionen sind willkürlich gewählt und können durch beliebige andere mit ähnlichen Eigenschaften ersetzt werden.

Gelingt es nun, zu dem "flachen" Item mehrere "ähnliche" zu finden, so muß dieser neue Itemsatz den Anforderungen des logistischen Modells genügen. Da man die "normale" Charakteristik nicht kennt, wird man ansetzen

$$p_{ij} = \frac{o_i' \cdot s_l}{1+o_i' \cdot s} ,$$

was zu folgender impliziter "Stauchung" führt:

$o'_i = \ln o_i$.

Liegt eine Anzahl der "steileren" Items vor, wird man genauso ansetzen, mit der "Stauchung"

$o'_i = o_i^{10}$.

Da die Wahl der jeweiligen monotonen Funktion willkürlich war, bleiben zwischen den drei Parametersätzen nur Rangaussagen invariant. Die Annahme von stärkeren Skalen kann daher nur vertreten werden, wenn aus *inhaltlichen*, auf die jeweilige Dimension bezogenen Überlegungen eine bestimmte "Steilheit" festgelegt wird oder wenn zu einer latenten Variable nur eine Art von "Steilheit" konstruiert werden kann. Beide Bedingungen sind in üblichen Forschungssituationen nicht erfüllt.

Auf Scheiblechner (pers. Mitt., 1976) geht folgendes Beispiel aus dem physikalischen Bereich zurück: Es lassen sich viele verschiedene Instrumente zur Erfassung der "Zeit" konstruieren. So könnte man etwa verschieden geformte Gefäße (Quader, Zylinder, Kegel, geschwungene Vasenformen) mit Hilfe eines Rohres, das stets die gleiche Wassermenge liefert, füllen. Als Maß für die vergangene Zeit kann die Höhe des Wasserstandes dienen. Es ist klar, daß dieses Maß mit der "Zeit" in einer monotonen Beziehung steht; im Sinne des Rasch-Modells würden aber nur jene Gefäße eine Population bilden, deren Wände gleichartig konstruiert sind (etwa alle Gefäße mit senkrechten Wänden etc.). Das Erstellen einer Rasch-Skala entspricht dem Auswählen von verschieden großen Gefäßen gleichen Typs. Der Untersucher weiß aber nicht, welchen Gefäßtyp er ausgewählt hat (z. B. Quader, Kegel, spezielle Vasenform). *Innerhalb* jeder solchen Population sind Aussagen über Vielfache sinnvoll (so kann man etwa sagen, daß in der Population der speziellen Vasen der Meßwert von A genau dann doppelt so groß ist wie von B, wenn B eine doppelt so große Grundfläche hat wie A; auch würde die Aussage "x Prozent der Höhe werden in genau x Prozent der gesamten Füllzeit erreicht" für alle Objekte gleichen Typs gelten). *Zwischen* den Objektmengen wären solche Vergleiche unzulässig (so wird etwa die halbe Höhe bei einem Kegel erst in einem wesentlich höheren Prozentsatz der Gesamtfüllzeit erreicht als bei einem Zylinder). Wird nun bei der Testkonstruktion zufällig eine Gefäßform aus allen denkbaren gewählt, sind Aussagen über Vielfache der "Zeit" (im üblichen Sinn der Physik) überaus riskant (sie gelten nur dann, wenn zufällig Gefäße mit exakt senkrechten Wänden gewählt werden). Es wäre wohl unsinnig, jede mögliche Gefäßform als eigene "Dimension" zum Gesamtbegriff "Zeit" zu betrachten, die Grundlage der "Zeitmessung" würde dadurch wohl nicht verbessert, sondern wesentlich beeinträchtigt. Ebenso sollte man auch bei der Konstruktion von psychologischen Skalen verfahren.

Der Vorteil der Physik liegt darin, daß hier aufgrund anderer Überlegungen (z. B. Verknüpfungsoperationen, einfache Theorien- bzw. Gesetzesformulierungen) eine bestimmte Population ausgezeichnet wird (senkrechte Wände). Die "starken" Skalen stammen daher nicht aus den Eigenschaften der Instrumente selbst, sondern aus dem Verbundensein verschiedener Meßgrößen in einem System von Gesetzen.

Die Psychologie wird auch mit Hilfe des logistischen Modells von Rasch nicht in die Lage versetzt, eine "Messung wie in den Naturwissenschaften" zu betreiben. Die könnte erst dann erreicht werden, wenn das Formalisierungsniveau der psychologischen Theorien einen annähernd so hohen Grad erreicht hat wie in den klassischen Naturwissenschaften. Meßprobleme, insbesondere Skaleneigenschaften, können nicht ohne Bezug auf den inhaltlich-theoretischen Kontext gesehen werden.

2.4.3. Modellerweiterungen

Das logistische Modell wurde von mehreren Autoren in vielfältiger Hinsicht verallgemeinert. So wurden etwa die Gedanken der spezifischen Objektivität von zwei Objektmengen (Personen, Items) auf mehrere (z. B. Personen, Items, Versuchsleiter, Situationen etc.) erweitert (Micko, 1970). Damit verwandt ist auch der Ansatz des "linear-logistischen Modells" (Fischer, 1974). Bei diesem Modell wird wie bei den Modellen auf der Basis des choice-axiom (vgl. 2.3.3.) der Modellparameter bereits in der Modellfestlegung als eine - lineare - Funktion extern erfaßbarer Größen dargestellt. Im "dynamischen Testmodell" (Kempf, 1973) wird versucht, die Veränderung der Modellparameter der Personen durch das Verhalten während der Testung zu erfassen.

Um Datensätze mit verschiedener "Steilheit" bzw. "Trennschärfe" der Items bearbeiten zu können, wurde von Birnbaum (1958, siehe auch 1968) ein Modell vorgeschlagen, das einen weiteren itemspezifischen Parameter a_j enthält:

$$p_{ij} = \frac{e^{a_j(o_i + s_j)}}{1+e^{a_j(o_i + s_j)}} .$$

Je größer a_j, um so "steiler" die Itemcharakteristik. Zu beachten ist, daß mit diesem Ansatz nur eine mögliche Form von verschiedenen Trennschärfen erfaßt werden kann. Dieses Modell hat den Vorteil, daß das Finden einer latenten Dimension der Personenparameter häufiger erfolgen kann als bei dem ursprünglichen logistischen Modell. Als Nachteil muß u. a. in Kauf genommen werden, daß die Zahl der gelösten Aufgaben keine erschöpfende Statistik für den Personenparameter ist. Für die Parameterschätzung müssen die Antworten auf die einzelnen Aufgaben gewichtet summiert werden.

Für die Betrachtung der zugrunde liegenden Dimension ist die auf Rasch ("Verteilungsanalyse"; siehe auch bei Fischer, 1974) zurückgehende Verallgemeinerung auf mehr Kategorien bzw. auf mehr latente Dimensionen interessant. Rasch konnte zeigen, daß bei Vorliegen von zwei Antwortkategorien pro Item stets nur auf eine latente Dimension geschlossen werden kann. Damit ist nicht gemeint, daß jedes Item eine "Grunddimension" erfassen muß. Es kann die Beantwortung einer jeden Frage von einer sehr großen Anzahl von "Grunddimensionen" abhängen, nur muß die Struktur der Zusammenfassung dieser Grunddimensionen bei allen zu einer Dimension zusammengefaßten Items gleich sein. Ein einfaches Beispiel dieser Art ist in Tabelle 2 dargestellt. Man beachte, daß hier auch der Prognosewert der "eindimensionalen" Parameterschätzung für die einzelnen Personen stark unterschiedlich ist. Erfaßt das Kriterium z. B. die "Grunddimension" c, so wäre für die Vp_6 eine hohe, für Vp_2, Vp_3, Vp_4 und Vp_5 überhaupt keine Validität gegeben.

Tab. 2: Beispiel für die Zusammensetzung einer latenten Dimension aus vier "Grunddimensionen" (lineare Beziehung)

Ausprägung der "Grunddimension"

T:	a	b	c	d
Vp_1	0	0	1	2
Vp_2	0	0	0	3
Vp_3	0	1	0	0
Vp_4	1	2	0	0
Vp_5	1	3	0	1
Vp_6	2	2	4	1

Beitrag der "Grunddimension"

E: Item	a	b	c	d
1	1	2	3	4
2	2	4	6	8
3	3	6	9	12
4	4	8	12	16
5	5	10	15	20

Parameter im Rasch-Modell ($x_{vi} = o_v \cdot e_i$)

X:	Item 1	2	3	4	5	o_v
Vp_1	11	22	33	44	55	11
Vp_2	12	24	36	48	60	12
Vp_3	6	12	18	24	30	6
Vp_4	5	10	15	20	25	5
Vp_5	11	22	33	44	55	11
Vp_6	22	44	66	88	110	22
e_i	1	2	3	4	5	

$X = T \cdot E'$

Liegen k Antwortalternativen vor, so können höchstens k - 1 verschiedene latente Dimensionen für die Modellbetrachtung herangezogen werden. Liegen z. B. drei Antwortalternativen vor - etwa "ja", "nein", "?" -, so können daraus etwa eine "Zustimmungsdimension" und eine "Unentschlossenheitsdimension" bestimmt werden. Reicht *eine* Dimension zur Erklärung des Datenmaterials aus, spricht man vom "mehrkategorialen Fall". Benötigt man mehrere Dimensionen, liegt ein "mehrdimensionaler Fall" vor.

Für die Durchführung von Meßvorgängen, in einigen Bereichen aber auch für die Überprüfung inhaltlicher Vorstellungen, ist der von Rasch ("Verteilungsanalyse") entwickelte Ansatz der "mehrdimensionalen Antwort" von Bedeutung. Wenn ein Objekt (Person) einem Agens (Item) ausgesetzt wird, so ist dieses Zusammenkommen üblicherweise durch *eine* Maßzahl gekennzeichnet. Entweder wird die Reaktion der Person herangezogen oder die Wahrscheinlichkeit, mit der diese Reaktion auftritt. Bei manchen Fragestellungen ist die "Antwort" aber nicht sinnvoll durch eine Maßzahl auszudrücken, sondern muß als Vektor angegeben werden, dessen Elemente stochastisch voneinander abhängen: so etwa im Bereich der Psychomotorik (Reaktionsgenauigkeit und Reaktionsschnelligkeit), die Leistung in Tests mit Zeitmessung (Leistungsgeschwindigkeit und Leistungsgüte) oder etwa bei Verhaltensbeobachtungen, bei denen häufig das zu einem bestimmten Zeitpunkt aufgetretene Verhalten nur mit mehreren Maßzahlen ausreichend wiedergegeben werden kann. Solche Fragestellungen sind insbesondere auch im sozialwissenschaftlichen Bereich häufig, so etwa bei der Betrachtung der Mobilität. Das Objekt wäre hier die jeweilige Gesellschaft, die "Antwort" jeder Gesellschaft wäre die (intergenerationelle oder intragenerationelle) Mobilitätsmatrix. Ähnliche Probleme treten auch bei Erfassung der Schichtzugehörigkeit auf. Meist bearbeitet man dieses Problem, indem man einen sog. "Index" bildet. Die unterschiedlichen Maßzahlen einer Person werden nach einem meist willkürlichen Gewichtsschema zu einem Wert zusammengefaßt (siehe etwa Wechsler HAWIE, 1964, Mosaiktest; Scheuch, 1962). Dies hat zur Folge, daß der angestrebte eindimensionale Vergleich stets möglich ist (so kann man etwa sagen, daß die eine Gesellschaft "mobiler" ist als eine andere usf.), daß aber niemand weiß, ob ein solcher Vergleich dem wünschenswerten Kriterium der spezifischen Objektivität - wenn diese nicht gilt, ist die jeweilige Interpretation sehr schwierig - genügt. Dazu ist es erforderlich, daß die Unterschiede zwischen den zweidimensionalen Verteilungen (z. B. der "Mobilitätsmatrizen" in mehreren Gesellschaften) durch nur *einen* Parameter spezifisch für die einzelne Gesellschaft ausreichend beschrieben werden können. Analog dazu müßte die zweidimensionale Verteilung "Leistungsgüte/Leistungsgeschwindigkeit" durch einen einzigen personenspezifischen Parameter charakterisierbar sein. Ist dies nicht der Fall, dann können eindimensionale Vergleiche (entsprechend einer Rangordnung) bezüglich der mehrdimensionalen Antwort nicht durchgeführt werden, der willkürlich erstellte Index ist ein kaum sinnvoll verwendbares Maß.

Ausgehend von der spezifischen Objektivität schlug Rasch ("Verteilungsanalyse") folgende, sehr allgemeine Verteilungsform zur Analyse dieser Probleme vor:

$$p(i, j, k \ldots) = c_i \cdot e^{o_i f_{jk} \ldots + g_{jk} \ldots} .$$

Der Parameter o_i charakterisiert die Ausprägung der latenten Dimension beim jeweiligen Objekt, die Funktionswerte von f_{jk} . . . und g_{ik} sind spezifisch für das jeweilige Element der mehrdimensionalen Verteilung, der Parameter c_i hat nur die Bedeutung einer Normierungskonstante (da für jedes Objekt die Summe aller Einzelwahrscheinlichkeiten bzw. das Integral der Dichte 1 ergeben muß). Bei ausreichend umfangreichem Datenmaterial können alle Parameter geschätzt werden.

Bei kategoriellen Antworten (wie etwa bei der Mobilitätsmatrix) ergibt sich das Problem, daß die Modellgültigkeit von der Wahl der Einteilung der Kategorien abhängt. Paßt etwa ein solches Modell auf die Berufseinteilung "Arbeiter", "Angestellter", "Selbständiger", so kann das Modell nicht passen, wenn man statt dessen einteilt "Hilfsarbeiter", "Facharbeiter" etc. (vgl. auch Breinbauer, 1974). Bei kontinuierlichen Merkmalen, etwa bei Zeitmaßen, ist es daher günstiger, einen anderen Modellansatz zu wählen. Man setzt dann zweckmäßigerweise eine stetige Verteilung an. Es empfiehlt sich, möglichst allgemeine Verteilungstypen zu wählen und einen der Verteilungsparameter als Funktion der latenten Dimension aufzufassen. Im Bereich des reaktiven Verhaltens (richtig/falsch und Reaktionszeit) scheint sich nach ersten Erfahrungen die Weibull-Verteilung (mit drei freien Parametern) gut zu bewähren.

Die Anwendung solcher Ansätze ist mühsam und aufwendig. Man sollte trotzdem in allen Fällen, in denen man gern zu einer willkürlichen Indexbildung greift, überlegen, ob nicht eine Überprüfung der Existenz einer eindimensionalen, nicht von einem externen Kriterium abhängigen Ordnung den erhöhten Aufwand lohnt.

2.4.4. Modelltest

Bei der Kontrolle des Modells stellen sich die prinzipiell gleichen Probleme wie bei 2.2.4. Man weiß im voraus, daß das Modell nicht vollständig die Daten beschreiben kann. Es ist eine Frage der Trennschärfe, ob die Modellabweichungen als solche erkannt werden oder nicht.

Auch die Durchführung der Modelltests kann völlig analog zur Latent-Structure-Analyse erfolgen. Man kann einen Likelihood-Quotienten Test rechnen oder die Häufigkeit der aufgetretenen Antwortmuster mit den vorhergesagten Wahrscheinlichkeiten vergleichen. Meist werden jedoch Modelltests bevorzugt, die auf systematische Abweichungen von der Forderung nach spezifischer Objektivität empfindlich sind. Teilt man etwa den Itemsatz nach einem systematischen Kriterium in zwei Teile ein, so müßten die Schätzwerte der Personenparameter in beiden Itemsätzen ähnlich sein. Gleiches gilt, wenn man die Personen systematisch in Gruppen einteilt und die in jeder Gruppe erhaltenen Itemparameter betrachtet. Da bei der Durchführung der Parameterschätzungen nach der Maximum-Likelihood-Methode ein asymptotisch gültiges Konfidenzintervall für jeden Parameter bestimmt werden kann, können entsprechende Statistiken (t-Test bzw. Chi-Quadrat-Ansätze) zur Modellüberprüfung herangezogen werden. Man nennt dieses Vorgehen auch "parametrischer Modelltest", da hier zunächst die Bestimmung der Modellparameter Voraussetzung ist.

Günstiger ist es, sog. "parameterfreie" Tests zu rechnen. Man geht meist von der Folgerung aus, daß bei Gültigkeit des Modells der relative Rangplatz eines jeden Items (Person) für jede systematisch eingeteilte Personengruppe (Itemgruppe) gleichbleiben müßte. Dies kann mit Chi-Quadrat-Tests oder ähnlichen Verfahren geprüft werden. Die gebräuchlichen Testverfahren sind in Fischer, 1974, beschrieben.

Da ebenso wie beim BTL-Verfahren die Berechnung der Modellparameter keine erhöhte Information gegenüber der Zahl der gelösten Aufgaben als Meßwert erbringt - Gültigkeit des Modells vorausgesetzt -, liegt der entscheidende Vorteil bei der Anwendung des logistischen Modells gerade in der Möglichkeit, die Erfüllung der Modellvoraussetzungen zu überprüfen. Verwendet man dazu parameterfreie Modelltests, so kann die aufwendige Bestimmung der Modellparameter unterbleiben. Problematisch ist allerdings, daß diese Art der Abtestung nur dann Abweichungen zu erkennen gestattet, wenn die Wahl des Einteilungskriteriums der Personen- bzw. Itemgruppen so getroffen wurde, daß die vorhandenen Abweichungen in Erscheinung treten können. Meist werden alternative Einteilungen bevorzugt (etwa Geschlecht, über- oder unterdurchschnittliche Testleistung, zwei Altersgruppen etc.), es sollte aber in jeden Einzelfall überlegt werden, ob nicht weniger gebräuchliche, aber der Fragestellung angemessenere Einteilungskriterien zu bevorzugen wären. Bei der Interpretation sollte auch beachtet werden, daß insbesondere die parametrischen Modelltests keine Abtestung auf Eindimensionalität allein sind, sondern alle Modellvoraussetzungen als Nullhypothese beinhalten. So wird nicht nur geprüft, ob ein Vergleich zwischen den *Personen* stets möglich und eindeutig ist, sondern zusätzlich, ob diese Eigenschaft auch den Vergleichen zwischen den Items zukommt. Es kann sein, daß die Personen durch eine Dimension ausreichend gekennzeichnet sind, aber die Itemcharakteristika verschiedene "Steilheit" aufweisen. In diesem Fall bleibt die Reihenfolge der Personen bei jeder Einteilung der Items die gleiche, die Reihenfolge der Itemschwierigkeiten hängt aber von der ausgewählten Personengruppe ab. Ein entsprechend aufgebauter Modelltest führt zu einer Verwerfung des Modells. Ist man nur an der Dimension der Personenparameter interessiert, könnten trotzdem sinnvolle Vergleiche durchgeführt werden. Allerdings gehen bei solchen Verletzungen des Modells wünschenswerte Eigenschaften verloren.

2.4.5. Probleme

Der Ansatz von Rasch und darauf aufbauende Erweiterungen sind die derzeit besten Grundlegungen psychologischer Messung. Die formalen und rechentechnischen Probleme der Modellanwendung sind im wesentlichen gelöst, auch wenn die Programmerstellung bzw. Adaptierung des öfteren große Schwierigkeiten bereitet. Allerdings sind die Voraussetzungen sehr restriktiv; auch muß man bedenken, ob für den jeweiligen Anwendungsfall die strengen Forderungen an den Vergleich zwischen den Agenzien sinnvoll sind. Im übrigen beinhaltet die mit diesem Ansatz erhaltene "Dimension" ähnliche Probleme wie die Skalogramm- oder Latent-Structure-Analyse.

Die prinzipielle Schwierigkeit der *Modelltests* und die *Skaleneigenschaften* der erhaltenen Dimension wurden bereits in den entsprechenden Abschnitten diskutiert. Insbesondere die Rangskalen-Eigenschaft bedingt, daß die mit Rasch-Modellen erhaltenen Dimensionen nicht in der Denkweise linearer Konstrukte interpretiert werden können. Dies zeigt sich etwa in der Unmöglichkeit der "Verknüpfung" von Tests. Wäre die erhaltene Dimension so zu interpretieren wie eine gerade Linie im Raum, so würde - wenn die Items a, b, c und d dem Modell genügen und ebenso die Items a, b, e und f - folgen, daß auch der Gesamtitemsatz a - f dieselbe Dimension erfaßt. Bei nur einem gemeinsamen Item könnte es sich um den "Schnittpunkt" von zwei Dimensionen handeln: sind in den beiden getrennten Itemsätzen aber zwei oder mehr Items identisch, dann müßten sämtliche Items beider Gruppen auf derselben Dimension (gerade Linie) liegen. Wie man analog zu den Ausführungen im Abschnitt 2.1.5. zeigen kann, wäre diese Folgerung bezüglich einer mit dem logistischen Modell erhaltenen Dimension ein Trugschluß. Auf diese Eigenschaft von so erhaltenen latenten Dimensionen verweist schon Lazarsfeld, 1959, im Zusammenhang mit der Latent-Structure-Analyse.

Zum Auffinden von "Grunddimensionen" ist auch dieses Modell nicht geeignet. Ob ein Itemsatz eine latente Dimension der Versuchspersonen konstruiert, hängt ausschließlich von der "Ähnlichkeit" der Items ab. So könnten bei geschickter Konstruktion von "ähnlichen" Items unendlich viele Dimensionen geschaffen werden. Jede einzelne kann sich aus beliebig vielen "Grunddimensionen" zusammensetzen. Bleibt die Struktur der Zusammensetzung für alle Items gleich - was im Falle einer Linearkombination aus Grunddimensionen bedeutet, daß die Matrix der Gewichtszahlen der latenten Dimensionen den Rang 1 hat -, muß bei *beliebiger* Ausprägung der entsprechenden "Fähigkeiten" auf seiten der Personen das Matrizenprodukt den Rang 1 haben (vgl. Tab. 2). Somit kann eine "eindimensionale" Messung vorliegen, auch wenn die einzelnen Items Zusammensetzungen aus vielen "einfachen" Grunddimensionen sein sollten. So ist es auch nicht verwunderlich, wenn komplexe, aber ähnliche Aufgaben - etwa die Rorschach- oder die Holtzman-Tafeln - hinsichtlich bestimmter Aspekte eindimensional sind (vgl. Fischer & Spada, 1973).

Der Ansatz von Rasch ist wohl das leistungsfähigste Modell auf der Basis von Vergleichsforderungen. Ebenso wie die Konstrukterstellung ist aber auch dieser Ansatz nicht geeignet, "Grunddimensionen" nachzuweisen. Es ist zweifelhaft, ob diese Frage in der Psychologie überhaupt auf induktivem Weg lösbar ist. Wenn dieses Problem überhaupt untersucht wird, sollte vielleicht eher einem deduktiven Vorgehen der Vorzug gegeben werden.

Fragen zum 2. Kapitel

II/ 1 Ein Ansatz dieses Kapitels ist kein Meßmodell im engeren Sinn. Welcher? Warum?

II/ 2 Warum erhält man bei Modellen auf der Grundlage von Itemcharakteristika bezüglich der latenten Dimension im allgemeinen nur Rangskalen? In welcher Hinsicht können metrische Skalen vertreten werden?

II/ 3 Vergleiche die vermutlichen Ergebnisse einer Konfigurationsfrequenzanalyse (siehe etwa Krauth & Lienert, 1973) bei Datensätzen, die jeweils einer Guttman-Skala, dem Latent-Structure-Ansatz bzw. dem logistischen Modell entsprechen. Welcher Datensatz wird sich hinsichtlich der Ergebnisse prinzipiell von den beiden anderen unterscheiden?

II/ 4 Warum ist die Verknüpfung von im Sinne dieses Kapitels eindimensionalen, bezüglich der Items nicht disjunkten Tests zu einem eindimensionalen Gesamttest im allgemeinen nicht möglich?

II/ 5 In welchem Sinne sind die Verfahren dieses Kapitels populationsabhängig?

II/ 6 Wie sehen die Itemcharakteristika einer perfekten Guttman-Skala aus?

II/ 7 Warum sind Verfahren, die aus einem Datensatz die möglicherweise darin enthaltenen (Guttman-)Skalen heraussuchen, besonders anfällig für Stichprobenartefakte?

II/ 8 Erfüllt eine perfekte Guttman-Skala die Forderung nach spezifischer Objektivität? Wenn ja, ist die Itemcharakteristik als Funktion der multiplikativ bzw. additiv verknüpften Personen- und Itemparameter anzugeben.

II/ 9 Genügt der Birnbaum-Ansatz den Forderungen der spezifischen Objektivität? Warum?

II/10 Welche Schwierigkeiten ergeben sich bei der Modellüberprüfung der Latent-Structure bzw. dem logistischen Modell unter Zugrundelegung der Neyman-Pearson-Testtheorie?

II/11 In welchem Sinne kann man das BTL-Verfahren als "einfaktorielles Rasch-Modell" bezeichnen?

II/12 Zeige, daß die Annahmen des mehrdimensionalen "conjoint measurement" (vgl. Pfanzagl, 1971, Theorem 9.4.4.) im wesentlichen aus einer Verallgemeinerung der spezifischen Objektivität auf mehr als zwei Objekt/Agens-Mengen folgen.

III. Formalisierte Hypothesen als Grundlage von Dimensionen

In den vorangegangenen Abschnitten - evtl. mit Ausnahme von 1.4.3. - wurden die Dimensionen durch die Betrachtung von vorliegenden Daten induktiv gewonnen. Das Vorgehen war hierbei entweder ein Zusammenfassen von "plausiblerweise" zusammengehörenden Indikatoren (klassische Testtheorie), die Erfüllung von Optimalitätseigenschaften bei der Deskription von Daten mit einer vorgegebenen, meist mathematisch möglichst einfach gehaltenen Struktur (Faktorenanalyse, multidimensionale Skalierung, multivariate Statistik). Im zweiten Kapitel wurden Ansätze besprochen, die anstatt einer optimalen Deskription von vorliegenden Daten einen in gewisser Hinsicht optimalen Vergleich zwischen den untersuchten Objekten zulassen. Allen diesen Ansätzen war gemeinsam, daß die schließlich erhaltenen Dimensionen "interpretiert", d. h. meist nur mit einem in irgendeiner Weise in das wissenschaftliche Denken gut integrierbaren Namen versehen, werden mußten. Im nachhinein kann dann festgestellt werden, ob die erhaltenen Dimensionen in irgendeiner Weise "brauchbar" sind, ob man sie als Hilfsmittel für die Entwicklung bzw. die Überprüfung inhaltlich-psychologischer Vorstellungen einsetzen kann. Selbstverständlich ist auch dieses Vorgehen - wie empirische Forschung überhaupt - nicht völlig ohne Vorannahmen, ohne mit einfließende theoretische Vorstellungen möglich. Nach irgendwelchen, oft nicht klar formulierten Kriterien müssen die entsprechenden Datensätze ausgewählt bzw. konstruiert werden. Diese theoretischen Annahmen bestimmen aber meist nur den speziellen inhaltlichen Bereich, in dem man arbeitet, eine Verknüpfung der erhaltenen Dimensionen mit den inhaltlich-psychologischen Vorstellungen kann bei diesen Verfahren nur nachträglich durch Interpretation geleistet werden.

Im Gegensatz dazu kann man auch ein stärker deduktives Vorgehen einschlagen. Es kann versucht werden, zunächst eine möglichst exakte verbale Formulierung der über einen Gegenstandsbereich vorliegenden psychologischen Vermutungen zu erstellen. Die dort in theoretischen Ausdrücken dargestellten Größen und ihre vermuteten Beziehungen untereinander können durch Operationalisierung erfaßbar gemacht werden. Oft empfiehlt es sich, ein solches Hypothesensystem vor der

Operationalisierung in eine formale Sprechweise zu übertragen, um eine übersichtlichere Darstellung und eine leistungsfähigere Überprüfung der Annahmen anhand von empirischen Beobachtungen zu erhalten. Die theoretischen Begriffe - sofern diese in Form eines Kontinuums bzw. einer Dimension deutbar sind - werden durch entsprechende Modellparameter repräsentiert. Nach der Operationalisierung können die Ausprägungsgrade dieser Parameter geschätzt und die Beschreibungsgüte des Ansatzes als solcher abgetestet werden.

Die Grenzen zwischen diesem Ansatz und den an der Deskription von vorliegenden Daten orientierten Verfahren sind fließend. So können z. B. manche Ansätze der multivariaten Statistik - insbesondere das Jöreskog-Modell - oder auch einige Verfahren der multidimensionalen Skalierung oder des conjoint measurement als die Formalisierung spezieller inhaltlicher Annahmen aufgefaßt werden. In den meisten dieser Fälle dürfte sich aber die Struktur des Modells an formalen Kriterien orientieren und erst im nachhinein im Sinne einer psychologisch-inhaltlichen Aussage "interpretiert" werden. Kennzeichnend für Dimensionen auf der Basis der Formalisierung von Hypothesen ist, daß diese Dimensionen nicht nachträglich interpretiert werden müssen, sondern in ihrer Bedeutung - d. h. ihrer Stellung in einem Hypothesengefüge - und ihrer "Benennung" schon vor der Datenerhebung festliegen. Dadurch werden viele Schwierigkeiten vermieden, die die Nutzbarmachung der mit stärker deskriptiven Ansätzen erhaltenen Dimensionen für die Psychologie als inhaltliche Wissenschaft aufweist. Allerdings ergeben sich schwierige Probleme, so insbesondere die Konstruktion eines geeigneten formalen Modells, das sowohl den inhaltlichen Vorstellungen entspricht als auch einer empirischen Überprüfung standhält. Problematisch ist auch, daß bei diesem Verfahren in aller Regel keine wünschenswerten *Optimalitätseigenschaften* der erhaltenen Dimensionen erreicht werden können. Dies zeigt sich etwa bei einem Vergleich der an einer inhaltlichen Vorstellung orientierten Thurstone-Skalierung und dem BTL-Verfahren. Es kann daher nicht behauptet werden, daß der deduktive Ansatz der "beste" oder gar der einzig sinnvolle ist. Je nach Problemstellung, ob stärker Aspekte der Datenbeschreibung, der Durchführung von Messungen oder der möglichst feinen Abtestung inhaltlicher Hypothesen im Vordergrund stehen, wird einer der Ansätze zu bevorzugen sein.

Zunächst wurden vor allem Ansätze auf der Basis der *Gauß-Verteilung* konstruiert. Die inhaltliche Annahme dabei ist, daß bestimmte Ereignisse - etwa die durch einen Reiz ausgelöste "interne Wahrnehmung" - einem Gauß-verteilten Zufallsfehler unterliegen. Man kann diese Annahme als eine technische, nicht inhaltlich begründete Zusatzforderung auffassen; dann wären solche Modelle am ehesten mit der Latent-Structure-Analyse vergleichbar - anstelle der willkürlichen Wahl einer geraden Linie oder eines Polynoms höherer Ordnung wird die Normalverteilung angesetzt. Aus dem historischen Hintergrund (so entstanden etwa die Thurstone-Modelle zu einer Zeit, in der die Gauß-Verteilung besonders "normal" war) erscheint es jedoch eher passend, diese Annahme als eine damals überaus plausibel erscheinende inhaltliche Hypothese aufzufassen.

Von der Betrachtung der latenten Dimension her sind Modelle interessanter, die mit möglichst wenig, nicht aus psychologischen Vorstellungen begründbaren Annahmen auskommen. Solche Abbildungen setzen stets voraus, daß *präzise verbale Formulierungen* der entsprechenden Hypothese vorliegen. Entsprechend dem Entwicklungsstand der psychologischen Theorien sind diese Ansätze vorwiegend *eindimensional*, d. h. daß nur eine latente Dimension zur Erklärung der Beobachtungen in das Modell aufgenommen wird. Da zusätzlich verbal formulierte Hypothesen kaum über ein "verschieden" bzw. über ein "mehr/weniger" hinausgehen, erfordern alle darauf aufbauenden Modelle die willkürliche Annahme einer monotonen Funktion der unbekannten latenten Dimension. Solange man ein solches Modell für sich betrachtet bzw. nur verbale Verbindungen zu anderen Forschungsergebnissen herstellt, kann daher die hypothetische Dimension nur auf dem Niveau einer Rangskala erfaßt werden. Bei solchen Ansätzen ergibt sich dieses Skalenproblem aber nicht aus einer prinzipiellen Schwäche des Ansatzes - wie etwa die "zufällige" Wahl der Itemschwierigkeitszusammensetzung in der klassischen Testtheorie oder die "zufällige" Auswahl einer "Trennschärfe" bei den Rasch-Modellen -, sondern aus dem Präzisionsgrad der inhaltlichen Hypothesen. Es stellt sich hier die Frage, warum man bei eindimensionalen Modellen überhaupt stärkere Skaleneigenschaften anstreben sollte, solange keine entsprechenden Hypothesen vorliegen.

Abgesehen von inhaltlich meist nur schwach begründeten linearen bzw. polynomischen Ansätzen (vgl. 1.4.3.), sind in der Psychologie mehrdimensionale, an inhaltlichen Abbildungen orientierte Modelle relativ selten. Bei solchen Ansätzen kann zwar auch *eine* der latenten Dimensionen mit Ausnahme der Monotonieeigenschaft beliebig festgelegt werden, wenn aber aus inhaltlichen Vorstellungen der mathematische Zusammenhang zwischen dieser Dimension und den anderen in das Modell aufgenommenen folgt, so sind mit der Festlegung der einen Dimension auch die anderen bestimmt. *Innerhalb* eines solchen Modells können dann auch Hypothesen geprüft werden, die zu ihrer Abtestung "starke" Skalen voraussetzen, es können auf dieser Grundlage entsprechende mathematische Gesetze formuliert werden. Alle diese Aussagen hängen jedoch von der Wahl der ersten Dimension ab, so daß sie nur innerhalb des einmal gewählten Modellansatzes Gültigkeit haben.

Die Situation ist hier ähnlich wie etwa in der Physik. Auch dort wäre es prinzipiell möglich, durch die Konstruktion entsprechender Meßinstrumente etwa die Masse von Objekten auf einer gegenüber dem jetzt gewohnten System logarithmierten Skala zu messen (auch wenn dies sehr ungünstig wäre, da dann einfache Verknüpfungsoperationen nicht mehr möglich wären). Die davon betroffenen physikalischen Gesetze müßten entsprechend neu formuliert werden. Die notwendigen Umformungen wären relativ einfach. Man müßte etwa statt

$$E = \frac{m \cdot c^2}{2} \qquad m = \text{gewohnte Skala}$$

setzen

$$E = \frac{e^{m'} \cdot c^2}{2} \qquad m' = \text{neue Skala}$$

Ein solches Vorgehen wäre überaus gekünstelt und unpraktisch, da dann inhaltlich plausible Aussagen - etwa, daß die Masse von zwei identischen Objekten doppelt so groß ist wie die Masse eines einzelnen - nur in entsprechenden Skalentransformationen zu analogen formalen Beziehungen führen würde. In den meisten Bereichen der Psychologie fehlt aber die Möglichkeit, die für eine metrische Skala notwendigen Operationen - z. B. Mittenbildung, Verknüpfungsoperationen (vgl. Pfanzagl, 1971; Suppes & Zinnes, 1963) - empirisch sinnvoll zu definieren. Versuche, solche Operationen durch "Standarditems" festzulegen - etwa: Eine Person ist doppelt so intelligent wie eine andere, wenn ihre "odds" (Wahrscheinlichkeit, die Aufgabe zu lösen, gebrochen durch die Wahrscheinlichkeit, sie nicht zu lösen) bei der Standardaufgabe doppelt so hoch sind (Rasch, 1960) - sind nicht zielführend, solange die Wahl des Standarditems inzidentell ist (zur gleichen Dimension können viele Standarditems gewählt werden, die unterschiedliche "Trennschärfe" haben; inhaltlich ist jede dieser Wahlen gleichwertig; gilt die Aussage für eines dieser Items, kann sie für ein anderes mit anderer "Steilheit" nicht gelten). Es bleibt daher möglicherweise nur der Versuch, im Rahmen mehr- oder vieldimensionaler Modelle eine Dimension willkürlich zu wählen, wobei man trachten wird, einfache Beziehungen zu beobachtbaren Indikatoren zu erhalten. Alle über Monotoniebeziehungen hinausgehenden Vergleichsaussagen sind dann nur innerhalb des Systems möglich. Wenn überhaupt jemals eine Messung latenter psychologischer Dimensionen "wie in den Naturwissenschaften" möglich sein sollte, dann wohl am ehesten auf diesem Wege.

3.1. Thurstone-Modelle

Lit.: notwendig: Thurstone, 1929, oder andere Darstellung dieses Ansatzes; etwa Suppes & Zinnes, 1963; Torgerson, 1958.
günstig: Hull, 1943 oder 1951; Luce, 1963; Sternberg, 1963; Swets, 1964.

Die Annahme, daß bestimmte interne psychische Phänomene normalverteilte Meßfehler zeigen, ist in gewisser Weise ein Grenzfall zwischen der Übersetzung einer psychologischen Annahme und einer willkürlichen Setzung. Die normalverteilten Meßfehler folgen nicht aus einer spezifisch psychologischen Theorie, sie können aber eine inhaltliche Annahme darstellen und werden oft durch Plausibilitätsüberlegungen, etwa dem zentralen Grenzwertsatz folgend, gestützt.

Im Gegensatz zur Konstruktion von Dimensionen auf der Grundlage von Vergleichen müssen hier die *Daten* Vorrang vor dem Modell haben. Stehen bei einem Ansatz auf der Grundlage einer möglichst optimalen

Vergleichsforderung die gefundenen Ergebnisse im Widerspruch zu den Modellvorhersagen, so werden die empirischen Verhältnisse solange geändert, bis das Modell eine ausreichende Beschreibung liefert. Geht man jedoch von der Formalisierung inhaltlicher Vorstellungen aus, so werden bei Widersprüchen zwischen Daten und Modellvorhersagen Änderungen am Modell und damit an den inhaltlichen Annahmen erforderlich sein. Dadurch ist es möglich, Modelle mit immer besserer Beschreibungsfähigkeit zu konstruieren. Diesem Vorteil der Modellprüfung steht allerdings der Nachteil entgegen, daß die mit den Modellen erhaltenen Dimensionen in aller Regel nicht über optimale Vergleichseigenschaften verfügen. Dies zeigt sich besonders deutlich bei einem Vergleich zwischen der Thurstone-Skalierung und dem BTL-Verfahren.

3.1.1. Thurstone-Skalierung

Bei der Durchführung psychophysischer Experimente zeigt sich, daß die Urteile der Versuchspersonen hinsichtlich der Reizstärke (etwa Lautstärke von Tönen) stark variieren. Bei identischer Reizvorgabe wird von zwei hinsichtlich ihrer Lautstärke unterschiedenen Tönen von den Versuchspersonen gelegentlich der eine, das andere Mal der andere als lauter genannt. Wenn die physikalische Reizgröße stets die identische psychische Erscheinung hervorriefe, wäre diese Erscheinung eigentlich unverständlich. Eine naheliegende Erklärung ist, daß durch verschiedene nicht näher kontrollierte Einflüsse die Auswirkung der physikalischen Reizung verändert wird. Es wird also angenommen, daß es eine vom Zufall abhängige "interne Reizdarstellung" gibt. Geht man von der Vorstellung aus, daß bei Veränderung *einer* physikalischen Eigenschaft der Reize die internen Darstellungen sich auch bezüglich *einer* Dimension unterscheiden (so könnte man etwa meinen, daß die physikalische Änderung der Schallstärke eine interne Dimension "Lautheitsempfindung" verändert), liegt die Annahme nahe, daß von zwei Reizen der als "stärker" (lauter, angenehmer, schöner etc.) angegeben wird, der den größeren Ausprägungsgrad der internen Empfindung zur Folge hatte. Kennt man nun die Verteilung der internen Wahrnehmung in Abhängigkeit von der Intensität der Reize, kann die entsprechende Bevorzugungswahrscheinlichkeit errechnet werden. Nimmt man an, daß diese Verteilung durch die Normalverteilung ausreichend gut approximiert werden kann, so erhält man für die Wahrscheinlichkeit, bei Vorgabe von i und j den Reiz i zu "bevorzugen":

$$p(s_i/(s_i, s_j)) = N\left(\frac{u_i - u_j}{s(i,j)}, 1\right)$$

s_i = Reiz i

N = Verteilungsfunktion der Gauß-Verteilung

u_i = interne Dimensionsausprägung des Reizes

s(i,j) = Streuung des Fehlers der Differenz der internen Dimensionsausprägung von Reiz i und j

(THURSTONE, 1929).

Zur Vereinfachung nimmt man meist an, daß alle s(i, j) gleich sind. In diesem Fall reduziert sich das Modell zu

$$p(s_i/(s_i, s_j)) = N(u_i - u_j, 1).$$

Für dieses Modell können sehr einfache Parameterschätzungen durchgeführt werden. Wie man leicht zeigen kann (siehe Torgerson, 1958), ist der Ausdruck

$$\hat{u}_i = \sum_{j \in J} N^{-1}(p(s_i/s_i, s_j))$$

N^{-1} = Umkehrfunktion von N

eine Kleinste-Quadrate-Schätzfunktion für den Parameter u_i.

Die Möglichkeit der Modelltestung ergibt sich wieder aus der Überprüfung der allgemeinen Güte der Anpassung des Modells an die Daten. So kann etwa aus dem Vergleich der Reize (i, j) und (j, k) bestimmt werden, wie groß die Wahrscheinlichkeit einer "Bevorzugung" des Reizes i vor dem Reiz k sein sollte (der leichteren Schreibung wegen wird im folgenden statt s_i stets nur i etc. gesetzt):

$$u_i - u_j = N^{-1}(p(i/(i, j)))$$

$$u_j - u_k = N^{-1}(p(j/(j, k)))$$

$$u_i - u_k = N^{-1}(p(i/(i, j))) + N^{-1}(p(j/(j, k))) \overset{!}{=} N^{-1}(p(i/(i, k))).$$

Treten große Abweichungen zwischen den Beobachtungen und den Modellvorhersagen auf, kann man folgern, daß eine der Annahmen, die für die Modellkonstruktion erforderlich waren, nicht zutrifft. Die getroffenen Annahmen waren

A 1: Es liegt *eine* interne Dimension vor; mit steigender Ausprägung steigt die Bevorzugungswahrscheinlichkeit.

A 2: Jeder Reiz ist hinsichtlich des Vergleichs mit jedem anderen durch seinen Dimensionswert vollständig charakterisiert.

A 3: Die internen Reizwahrnehmungen weisen einen normalverteilten "Fehler" auf.

Bei der Betrachtung dieses Ansatzes als *Formalisierung* von inhaltlichen Vorstellungen wird man bei Modellabweichungen zunächst die Annahme verändern, die inhaltlich am wenigsten plausibel erscheint; vermutlich A 2. Dies kann durch entsprechend komplexere Ansätze - etwa Abhängigkeiten der Reizwahrnehmungen, unterschiedliche Fehlerstreuungen, Bias-Parameter etc. - geschehen. Ist man hingegen stärker an *guten Maßzahlen* bezüglich des Rangplatzes der untersuchten Objekte (Reize) interessiert, wird man dazu neigen, A 3 zu ändern, da der Vergleich von Reizen sehr schwierig ist, wenn mehr als eine Maßzahl zur Kennzeichnung erforderlich ist.

Für die Diskussion der Modellparameter muß man berücksichtigen, welche Bedeutung man der Annahme der Normalverteilung zumessen möchte. Faßt man sie als eine eher technische, aus Gründen der mathematischen Einfachheit entstandene Vorstellung auf, bedeutet die Beibehaltung des Modells nur, daß es eine (aus inhaltlichen Gründen oft monotone) Funktion einer latenten Dimension gibt, die die Modellforderung erfüllt:

$$p(i/i,j)) = N\ (m(u_i) - m(u_j),\ 1) \qquad m\ldots \text{ monotone Funktion}$$

In diesem Fall könnte "u" nur auf dem Niveau einer Rangskala interpretiert werden (die Modellparameter "m(u)" sind selbstverständlich eindeutig bis auf lineare Transformationen festgelegt). Geht man jedoch von der inhaltlichen Hypothese aus, daß eine vorhandene, in einem Funktionszusammenhang wichtige Größe aus *sachlichen* Gründen mit einem normalverteilten Fehler variiert, kann diese nicht beliebig monoton verändert werden. In diesem Fall können Differenzen der Meßwerte interpretiert werden.

Der von Thurstone zunächst für Meßprobleme entwickelte Ansatz wurde später in mehreren Bereichen zur Konstruktion von Modellen eingesetzt, die sich stärker an inhaltlichen Überlegungen orientieren. Besonders bekannt wurde die "signal detectability theory" (siehe etwa Luce, 1963; Swets, 1964). Auch für das oft auftretende Problem, beobachtete Häufigkeiten als Funktion von Parametern darzustellen, die in einem beliebigen Wertebereich variieren können - hierzu ist eine Abbildung der reelen Zahlengerade auf das Intervall (0,1) erforderlich - wurde früher dieser Ansatz gern herangezogen (etwa bei Hull, 1943). Aus rechentechnischen Gründen, aber auch aus prinzipiellen Überlegungen (choice-axiom, spezifische Objektivität) wird heute dafür oft ein logistischer Ansatz verwendet (vgl. etwa Sternberg, 1963; Albert, 1977).

3.1.2. Vergleich mit dem BTL-Verfahren

Sowohl der Thurstone-Ansatz als auch das BTL setzen die Existenz *einer* latenten Dimension voraus. Die spezielle Modellform wird beim BTL durch die Forderung nach Erfüllung des choice-axiom, bei Thurstone durch die Annahme der Normalverteilung festgelegt.

In vielen praktischen Anwendungsfällen interessieren vor allem die Eindimensionalität und der Rangplatz der einzelnen Objekte, weniger die Erfüllung des einen oder anderen Modells. Darüberhinaus sind aufgrund der großen Ähnlichkeit zwischen der Summenkurve der Normalverteilung und der logistischen Funktion (vgl. Torgerson, 1958) kaum empirische Entscheidungsmöglichkeiten zwischen den beiden Modellen, ausgenommen bei extrem großem Beobachtungsmaterial, gegeben. Es wäre daher wünschenswert, wenn zunächst die Rangfolge der Objekte hinsichtlich der untersuchten Dimension - etwas anderes als die Reihenfolge ist in einem inhaltlichen Kontext meist nicht interpretierbar - unabhängig von der Modellwahl bestimmbar wäre. Bedauerlicherweise sind die üblichen Schätzmethoden dazu ungeeignet. Beim BTL-Verfahren wendet man zweckmäßigerweise eine Maximum-Likelihood-Schätzung an, die als erschöpfende Statistik die Summe der Zahl der Bevorzugungen eines Objektes gegenüber allen anderen Objekten beinhaltet. Bei der

Thurstone-Skalierung wird in der Regel die Methode der kleinsten Quadrate zur Schätzung der Modellparameter angewandt.

In diesem Fall erhält man als Schätzfunktion für den Parameter eines bestimmten Reizes die Summe der mit der inversen Funktion der Normalverteilung transformierten Bevorzugungshäufigkeiten dieses Reizes. Diese beiden Statistiken sind im allgemeinen nicht monoton ineinander überführbar. Daher erhält man, je nachdem, welchen Modellansatz man wählt - und die Entscheidung, welches Modell besser paßt, ist empirisch kaum zu treffen -, eine unterschiedliche latente Dimension. Dies könnte ein Artefakt der verwendeten Schätzfunktion sein; doch sieht man leicht, daß nicht beide Modelle auf den gleichen Datensatz ideal passen können (auch wenn, infolge der ungenügenden Trennschärfe der Modelltests, unter Umständen beide beibehalten werden können). Berechnet man etwa die Bevorzugungswahrscheinlichkeit für das Objekt i gegenüber k aus den Wahrscheinlichkeiten für "i vor j" und "j vor k", so erhält man für das BTL-Verfahren

$$p(i/(i,k)) = \frac{p(i/(i,j)) \cdot p(j/(j,k))}{p(j/(i,j)) \cdot p(k/(j,k)) + p(i/(i,j)) \cdot p(j/(i,k))}$$

und für den Thurstone-Ansatz

$$p(i/(i,k)) = N\,(N^{-1}\,(p(i/(i,j))) + N^{-1}\,(p(i/(j,k)))).$$

Beide Bedingungen können im allgemeinen nicht gleichzeitig erfüllt sein.

Für die Bestimmung der Skala der untersuchten Objekte stellt sich nun die Frage, welches Modell man nehmen soll. Man ist zwar in der Regel zwangsläufig nur an der Rangordnung interessiert, doch schwankt diese in Abhängigkeit vom Modellansatz. Diese Schwierigkeit entfällt, wenn man ein Verfahren wählt, das auf der Grundlage der beiden Ansätzen gemeinsamen Voraussetzungen - A 1 und A 2 - allein aufbaut (vgl. Suppes & Zinnes, 1963, Seite 58).

Analog zu den Itemcharakteristika der Latent-Structure-Analyse kann man auch diese Modelle graphisch veranschaulichen. Stellt man den Ausprägungsgrad des Reizes in der ersten Position bei der Durchführung der Vergleiche auf der Abszisse dar, so erhält man bei Durchführung aller Vergleiche mit diesem Reiz eine - diesen kennzeichnende - "Itemcharakteristik". Jede dieser "Charakteristiken" repräsentiert jetzt somit die Wahrscheinlichkeit, daß nun der Reiz in erster Position - vor dem Reiz in zweiter Position - bevorzugt wird. Die Monotonie der "Itemcharakteristik" folgt aus der Annahme, daß mit einem steigenden Ausprägungsgrad der latenten Dimension der jeweilige Reiz nun auch oftmals häufiger bevorzugt wird. Für die Festlegung der gesuchten latenten Dimension ist die spezielle Form der Kurvenschar unwichtig. Notwendig ist, daß die Itemcharakteristika monoton sind und, da die Reize in erster und zweiter Position gleichrangig sind, sich nicht schneiden (ein Schnitt hätte zur Folge, daß bei einem Auftragen der Reize in zweiter Position auf der Abszisse nicht-monotone Charakteristika entstehen). Diese Forderung kann man zur Festlegung einer Rangfolge der Reize verwenden, indem man definiert:

Der Ausprägungsgrad der latenten Dimension des Reizes i ist größer als der des Reizes j, wenn gleichzeitig

a) i größer j aufgrund der empirischen Ergebnisse plausibler ist (höhere Likelihood) als j größer i;

b) die Hypothese p(i/(i,k)) ist größer als p(j/(j,k)) aufgrund des Datenmaterials für alle Reize k beibehalten werden kann.

Die Bestimmung der Likelihood bzw. die Abtestung von b) kann mit geeigneten statistischen Verfahren durchgeführt werden - zweckmäßigerweise mit Likelihood-Quotienten-Tests auf der Basis der Binomial- bzw. Normalverteilung. Treten Intransivitäten auf oder muß b) verworfen werden - wobei Probleme zahlreicher Signifikanztests auftreten können, so daß eine gleichzeitige Abtestung von b) für alle i, j und k günstig erscheint -, können die Annahmen A 1 und A 2 nicht beibehalten werden. In diesem Fall ist eine eindimensionale Ordnung nach internen Kriterien nicht möglich.

Zusätzliche Abtestungen, insbesondere um die Art der Abweichungen von den Annahmen zu finden, können analog zu den parameterfreien Testungen des BTL-Verfahrens (2.3.4.) durchgeführt werden.

Dieses Vorgehen ist mühsam durchzuführen und weniger elegant als die Normalverteilungsansätze oder das BTL. Mit gewissem Vorteil kann es eingesetzt werden, wenn das Ziel der Arbeit hauptsächlich im

Überprüfen der Dimensionalitätsannahmen und im Bestimmen einer möglichst nicht von der zufälligen Modellwahl abhängigen Rangfolge der Objekte (Reize) besteht und kein Nutzen in der zusätzlichen Abtestung des choice-axiom bzw. der inhaltlich zu begründenden Normalverteilungsannahme liegt.

3.2. Eindimensionale funktionale Modelle

Lit.: notwendig: Coleman, 1964.
günstig: Burke, 1958; Fischer, 1974; Iseler, 1970; McGill, 1963; Spada, 1976; Spada & Kempf, 1977.

Als "funktionales Modell" werden im folgenden alle jene Ansätze verstanden, die die formale Darstellung einer psychologischen Hypothese über den Ablauf eines bestimmten Geschehens zum Inhalt haben. Diese Verfahren unterscheiden sich somit von den deskriptiven Modellen, die zu einer möglichst guten Beschreibung der Daten dienen (etwa Faktorenanalyse, Konstrukte der multivariaten Statistik), und den Modellen, die auf der Grundlage von möglichst optimalen Vergleichseigenschaften des nach dem Modell erstellten Datenmaterials konstruiert sind (z. B. BTL-Verfahren, Rasch-Modelle).

Es gibt inzwischen in der Psychologie eine große Anzahl solcher Ansätze. Zur Illustration des dabei auftretenden Dimensionsbegriffes werden hier beispielhaft einige Modelle skizziert, die auf der Grundlage eines "Kraft"-Begriffes mit Hilfe der Intensitätsfunktion konstruiert wurden. Einführende Darstellungen dieses Ansatzes finden sich etwa bei Coleman, 1964; McGill, 1963; Iseler, 1970.

Im einfachsten Fall liegen zwei Zustände vor, die die untersuchten Personen annehmen können; z. B. etwa "Aufgabe wird bearbeitet" bzw. "Bearbeitung abgeschlossen". Es können auch mehrere Zustände vorliegen, z. B. wenn man als Zustand die Bevorzugung einer politischen Partei betrachtet oder die Anzahl der bisher verursachten Straßenverkehrsunfälle. Zwischen einigen Zuständen ist ein Übergang möglich (so etwa von "Aufgabe wird bearbeitet" zu "Bearbeitung abgeschlossen"), zwischen anderen nicht (so kann etwa niemand vom Zustand "bisher sechs Unfälle verursacht" in den Zustand "bisher fünf Unfälle verursacht" übergehen).

Die grundlegende Modellvorstellung ist, daß die einzelnen möglichen Zustände durch "Membranen"getrennt sind. Diese Membranen können undurchlässig sein oder in eine Richtung durchlässig oder in beide. Die "Kräfte", die ein Durchdringen dieser Membranen "bewirken", werden als "Intensitätsfunktionen" oder "Übergangsintensitäten" bezeichnet und im folgenden mit dem Buchstaben "q" ausgedrückt. Um die Richtung anzugeben, bedeutet q_{ij} die Kraft, die einen Übergang vom Zustand i in den Zustand j bewirkt. Die "Kräfte" können eine Funktion von extern erfaßten Variablen, der bisherigen "Zustandsgeschichte" der einzelnen Individuen und der Zeit sein.

Es bietet sich an, die Häufigkeiten (Wahrscheinlichkeiten) der untersuchten Objekte in den einzelnen Zuständen zu betrachten. Die Veränderung einer Zustandswahrscheinlichkeit bei minimaler Änderung der Zeit ergibt sich aus der Summe der Kräfte, die zu einem Wechsel nach diesem Zustand veranlassen, jeweils multipliziert mit der Häufigkeit des Ausgangszustandes. Abgezogen werden muß davon die Summe der wegführenden Kräfte, multipliziert mit der Häufigkeit im betrachteten Zustand. Dieser Ansatz führt in der Regel zu einem System von Differentialgleichungen, die mit geeigneten mathematischen Verfahren - bei sehr komplizierten Ansätzen zweckmäßigerweise mit Zuhilfenahme eines Analogrechners - gelöst werden können. Im einfachsten Fall, wenn nur zwei Zustände vorliegen, ein Wechsel nur vom "Zustand 1" in den "Zustand 2" möglich ist und die Wahrscheinlichkeit des "Zustandes 1" mit q bezeichnet wird, ergibt sich als Ansatz die Differentialgleichung

$$\frac{dp}{dt} = -q(t) \cdot p$$

was zu folgender allgemeinen Lösung führt (siehe Coleman, 1964; McGill, 1963):

$$p(t) = p(o) \cdot e^{-\int_{o}^{t} q(x)dx}$$

Gleichermaßen kann man sich anstatt für die Häufigkeit im "Zustand 1" als Funktion der Zeit auch für die Verteilung der Zeiten bis zum erfolgten Wechsel interessieren. Dafür erhält man allgemein

$$f(t) = q(t) \cdot e^{-\int_0^t q(x)dx}$$ f(t)... Dichtefunktion der Zeiten bis zum Zustandswechsel

Die gesuchte Dimension liegt bei diesen Modellen in den - unbekannten oder hypothetisch angesetzten - q's. Werden diese Kräfte im Modell als Funktion anderer Parameter angenommen, etwa spezifisch für das Zusammenkommen einer bestimmten Person mit einer bestimmten Aufgabenstellung, so bilden die jeweiligen Parametersätze die gesuchte Dimension. Für die Betrachtung der Dimensionseigenschaften ist es wichtig, ob beim jeweiligen Modell die "Kraft" nur als Modell interner Parameter oder als Funktion extern gemessener Größen auftritt.

3.2.1. "Kraft" als interner Modellparameter

Ein Bereich, in dem sich dieser Modelltyp öfter relativ gut bewährt hat, ist die Erfassung der Psychomotorik (vgl. z. B. Wottawa, 1972). Betrachtet man etwa die Bearbeitung einer Geschicklichkeitsaufgabe durch eine Person, so kann man zwischen den Zuständen "Aufgabe in Arbeit" und "Aufgabe gelöst" unterscheiden (für die meisten praxisrelevanten Testsituationen kann man andere denkbare Zustände, etwa "weitere Bearbeitung verweigert", "Testgerät beschädigt" und dergleichen vernachlässigen). Ist man nun aufgrund inhaltlicher Überlegungen der Meinung, daß die Aufgabe prinzipiell vom ersten Moment an lösbar ist (was etwa ausschließt, daß zunächst zeitraubende Manipulationen mit dem Testgerät vorgenommen werden müssen) und daß die Versuchsperson während der Arbeit an der Aufgabe nicht "lernt", d. h. ihre "Kraft", die zu einem Wechsel des Zustandes drängt, nicht verändert, erhält man als Hypothese

$$\frac{dp}{dt} = -q \cdot p.$$

Dies führt etwa für die Dichtefunktion der Lösungszeiten zu dem Ergebnis

$$f(t) = q \cdot e^{-q \cdot t}.$$

Betrachtet man nun mehrere Personen (i) und mehrere Aufgaben (j), die alle auf dieselbe "Dimension" zurückgehen, so erhält man

$$f_{ij}(t) = q_{ij} \cdot e^{-q_{ij} \cdot t} .$$

Eine mögliche Zerlegung der Kraft q_{ij} wäre etwa

$q_{ij} = x_i \cdot y_j$ $\qquad$ x_i... Parameter der i-ten Versuchsperson

oder

$q_{ij} = x_i + y_j$ $\qquad$ y_i... Parameter der j-ten Aufgabe

oder ähnliches. Wenn die Form der Zerlegung nicht aus einer inhaltlichen Annahme erfolgt, wird man sie zweckmäßigerweise so wählen, daß die Modellanpassung möglichst gut gelingt. Geht man von einer anderen inhaltlichen Vorstellung aus, so erhält man auch eine andere Modellform. So wäre es etwa plausibel anzunehmen, daß die "Fähigkeit" der Person im Lauf der Versuchsdurchführung zunimmt, da sie die Aufgabenstellung immer besser kennenlernt. Wenn es plausibel erscheint anzunehmen, daß dieser Lerngewinn zunächst sehr hoch, bei zunehmender Zeit der Zuwachs jedoch relativ geringer ist, so wäre etwa der Ansatz

$$q(t) = c \cdot t^d$$

d kleiner 1

$$\frac{dp}{dt} = - c \cdot t^d \cdot p$$

denkbar. Daraus würde für die Dichte der benötigten Lösungszeiten folgen:

$$f(t) = c \cdot t^d \cdot e^{-c \cdot (d+1)^{-1} \cdot t^{d+1}} \quad \text{(Weibull-Verteilung).}$$

Auf diese Weise können unterschiedliche inhaltliche Vorstellungen formalisiert und durch Modelltests überprüft werden. Sind die Abweichungen zwischen den Daten und den Modellvorhersagen beträchtlich, wird die inhaltliche Vorstellung verworfen werden. Häufig ergeben solche Abweichungen Hinweise auf verbesserte Vorstellungen (vgl. etwa Coleman, 1964).

Modellansätze dieser Art sind geeignet, eine gute Abtestung inhaltlicher Vorstellungen zu ermöglichen. Bezüglich der Dimensionsproblematik treten jedoch die gleichen Probleme auf wie bei den Ansätzen auf der Grundlage von möglichst guten Vergleichen. Die erhaltenen Modellparameter können eine beliebige monotone Funktion "zugrunde liegender" Dimensionen sein - monoton, weil es z. B. plausibel ist, daß die "Fähigkeit" in einer monotonen Beziehung zur benötigten Lösungszeit steht. Diese Schwäche kann nicht behoben werden, solange nur eine latente Dimension einer beobachteten Variable gegenübersteht.

3.2.2. "Kraft" als Funktion extern erfaßter Größen

Der Anschaulichkeit halber wird das Prinzip dieser Modelle zunächst an einem außerordentlich unpsychologischen Beispiel demonstriert: der Wirkung von Insektiziden (Coleman, 1964). Bei der Prüfung eines entsprechenden Giftstoffes ist interessant, in welchem von zwei Zuständen ("lebend", "gestorben") sich welcher Prozentsatz der untersuchten Insekten nach einer bestimmten Zeit befinden wird. Für die "Kraft", die einen entsprechenden Zustandswechsel herbeiführt, kann man etwa folgende inhaltliche Hypothese anstellen: Es gibt eine von dem Gift unabhängige Tendenz, in dem Untersuchungszeitraum zu sterben (s). Diese Tendenz bleibt im Beobachtungszeitraum konstant. Zusätzlich dazu tritt eine durch das Gift erzeugte Kraft auf, deren Verlauf eine Funktion der seit Verabreichung des Giftes verstrichenen Zeit ist (k(t)); sie wächst proportional (a) mit der Höhe der Dosierung (D).
Formalisiert man diese Annahme, so erhält man

$$\frac{dp}{dt} = -(s + a \cdot D \cdot k(t)) \cdot p.$$

Daraus ergibt sich die Wahrscheinlichkeit für "leben" als Funktion der Zeit

$$p(t) = e^{-(s \cdot t + a \cdot D \cdot \int_0^t k(x)dx)}$$

Betrachtet man das Ergebnis nach einer bestimmten festgehaltenen Zeit T, so erhält man

$$p_T = e^{-(u + b \cdot D)} \qquad u \ldots s \cdot T \qquad b \ldots a \cdot \int_0^T k(x)dx$$

Die Parameter u und b können bei Variation der Dosierung geschätzt werden.

Eine andere inhaltliche Vorstellung wäre, daß sich Reduzierung nicht proportional auf die Kraft auswirkt, sondern in einer nicht bekannten, monotonen Funktion h. Für diesen Fall ergibt sich

$$p_T = e^{-(u + b \cdot h (D))}$$

oder, wenn b in die Funktion h miteinbezogen wird,

$$p_T = e^{-(u + h (D))}.$$

Gelegentlich kann man aus inhaltlichen Überlegungen heraus eine spezielle Struktur von h ansetzen - etwa den Logarithmus - und das so erhaltene Modell überprüfen. Häufig liegen jedoch keine fundierten Vorstellungen vor. Ein punktweises Schätzen der unbekannten Funktion ist nicht möglich, da bei einem Variieren von D in N Stufen N + 1 unbekannte Parameter aus N Beobachtungen zu schätzen wären.

Dies ändert sich, wenn man aus inhaltlichen Überlegungen heraus bestimmte Beziehungen zwischen den latenten Dimensionen folgert. So könnte man etwa fordern, daß sich die durch zwei verschiedene Gifte ausgelöste Kraft als Summe der Einzelkräfte ergibt (was zur Folge hat, daß im varianzanalytischen Sinn starke Wechselwirkungen in den Häufigkeiten auftreten). Hat man für das erste Gift in der Dosierung i die Kraft angesetzt

$$q_{1i} (t) = s \cdot t + h_1(D_i) \cdot k_1(t)$$

und für das zweite Gift in der Dosierung j die Kraft

$$q_{2j}(t) = s \cdot t + h_2(D_j) \cdot k_2(t),$$

so folgt für die Wahrscheinlichkeit des Überlebens nach der Zeit T nach Gabe der beiden Gifte in der Dosierung i und j

$$p_{i,j,T} = e^{-(u + c_1h_1(D_i) + c_2h_2(D_j))} \qquad c_i \ldots \int_0^T k_i(x)dx$$

Variiert man die Dosierungen in N_1 und N_2 Stufen, so stehen schon für wenige Stufen mehr Beobachtungswerte als Parameter zur Verfügung, so daß prinzipiell eine punktweise Schätzung von h_1 und h_2 möglich ist. Falls man eine geeignete glatte Funktion findet, wird man diese zur Approxomation der Schätzwerte heranziehen und das Modell entsprechend formulieren. Die so erfaßte latente Dimension "Auswirkung der Dosierung" ist innerhalb des Modellansatzes auf dem Niveau einer Intervallskala festgelegt. Im Gegensatz zu den Modellen auf der Grundlage möglichst optimaler Vergleiche entsteht dieses Modell nicht aus dem Wunsch nach der Erfüllung einer für wünschenswert gehaltenen Eigenschaft, sondern aus inhaltlichen Überlegungen; es stellt den Versuch der Formalisierung eines (sehr bescheidenen) Hypothesengefüges dar. Während bei eindimensionalen funktionalen Modellen die "starke" Interpretation ohne Bezugnahme auf eine andere Variable erfolgt, können hier die beiden latenten Dimensionen auf dem entsprechenden Skalenniveau miteinander verglichen werden. Möchte man diese wünschenswerten Eigenschaften auch für den Vergleich mit anderen latenten Dimensionen heranziehen, so muß das im Modell erfaßte Wirkungsgefüge entsprechend erweitert werden.

Ähnliche Probleme wie bei den Insektiziden stellen sich bei zahlreichen psychologischen Fragestellungen. So findet man etwa bezüglich der "progressive matrices" von Raven die faktorenanalytisch gestützte Vermutung, daß die Lösung der einzelnen Aufgaben etwa zu zwei Drittel "logisches Denken" (L) und zu einem Drittel "Anschauung" (A) benötigt (vgl. Burke, 1958).

Aus diesem Ergebnis könnte man als Hypothese folgern, daß bei Betrachtung der Zustände "Aufgabe in Arbeit" und "Aufgabe gelöst" eine Kraft wirksam ist, die sich zu zwei Drittel aus der vorhandenen Ausprägung von L und zu einem Drittel durch die Ausprägung von A bei der entsprechenden Versuchsperson ergibt. Diese Kraft ist sicher zeitabhängig zu sehen; man könnte annehmen, daß die "Schwierigkeit" der Aufgabe hinsichtlich der jeweiligen Lösungstendenz im Lauf der Zeit abnimmt. Außerdem muß wohl damit gerechnet werden, daß unabhängig von diesen beiden Intelligenzmaßen eine Tendenz (s) besteht, eine Lösung zu finden (Heranziehen anderer Intelligenzdimensionen, Raten etc.). Daraus folgt für die Bearbeitung des k-ten Items durch eine Person mit den Meßwerten L_i und A_j, die mit spezifischen Tests für L und A erhalten werden können:

$$q_{ijk} = s + 0.66 \cdot h_1(L_i) \cdot k_1(t) + 0.33 \cdot h_2(A_j) \cdot k_2(t) - m_k$$

m_k... "Schwierigkeit" des Item k

bzw.

$$p_{ijkT} = e^{-(v_k + 0.66 \cdot c_1 \cdot h_1(L_i) + 0.33 \cdot c_2 \cdot h_2(A_j))}$$

v_k... $(s - m_k) \cdot T$

Es kann empirisch überprüft werden, ob dieser Modellansatz die Daten ausreichend beschreibt. Ist dies der Fall, so weiß man natürlich noch nicht, ob die so erhaltenen Skalierungen für L und A zu einfachen, sinnvoll erklärbaren Zusammenhängen mit anderen Variablen in anderen Modellansätzen führen. Man hätte ja ebensogut das Produkt der Kräfte, oder die Summe der Kräfte verändert um allfällige Wechselwirkungen, ansetzen können. Ob gerade diese inhaltliche Annahme (die Kräfte addieren sich) der Ausgangspunkt einer zweckmäßigen Modellierung der Zusammenhänge zwischen einzelnen Intelligenzdimensionen wäre, muß in entsprechenden empirischen Arbeiten überprüft werden. Vergleicht man diesen Modellansatz auf der Grundlage des Kraftbegriffes mit Ansätzen aus dem Bereich der Meßmodelle - etwa Erweiterungen des BTL-Ansatzes (2.3.3.) bzw. des logistischen Modells (2.4.3.) -, sieht man, daß der wesentliche Unterschied in der Bestimmung der Funktionalform der Beziehung zwischen den beobachtbaren Häufigkeiten und den latenten Dimensionen liegt. Bezeichnet man die latente Dimension, die hypothetisch als Funktion von meßbaren Indikatoren und unbekannten Parametern angesetzt wird, mit LD (bzw. LD'), so erhält man für die Lösungswahrscheinlichkeit der Person i in der Aufgabe j nach der Zeit T

$$p(+/i,j,T) = 1 - e^{-LD_{ijT}}$$

bei dem Ansatz auf der Basis von Kräften und

$$p(+/i,j,T) = \frac{e^{KD'_{ijT}}}{1 + e^{LD'_{ijT}}}$$

in Erweiterung des logistischen Modells.

Die Zerlegung von LD erfolgt in beiden Ansätzen weitgehend ähnlich. Der erste gestattet leichter die Aufnahme zusätzlicher inhaltlicher Überlegungen, er regt durch den größeren Freiraum bei der Bestimmung der Übergangsintensität stärker zu Spekulationen an, die Parameter können leichter inhaltlich bezogen interpretiert werden. Demgegenüber hat der logistische Ansatz den Vorteil, sich auf meßtheoretische Überlegungen (erschöpfende Statistik) stützen zu können.

Wie man leicht zeigen kann, bedingt die Gültigkeit des einen Ansatzes auch die des zweiten. Paßt die eine Form, so muß mit der Transformation

$$LD = \ln(e^{LD'} + 1)$$

bzw.

$$LD' = \ln(e^{LD} - 1)$$

auch die andere passen. Die Darstellungsform LD ist also nur eine andere monotone "Stauchung" von LD' (vgl. 2.3.2.). Diese Transformation hat allerdings zur Folge, daß einfache Parameterzerlegungen - etwa die Darstellung von LD oder LD' als Summe eines Personen- und eines Itemparameters - im allgemeinen nicht erhalten bleiben.

Es gibt auch Modelle auf der "Kraft"-Annahme, die zu der logistischen Modellform führen. Liegen wieder zwei Zustände vor und ist im Gegensatz zur vorherigen Annahme ein Wechsel in beiden Richtungen möglich, erhält man für die Wahrscheinlichkeit im ersten Zustand:

$$\frac{dp}{dt} = -q_{12} \cdot p + q_{21} \cdot (1 - p).$$

Nimmt man zusätzlich an, daß ein Gleichgewichtszustand (die Zunahme im ersten Zustand durch q_{12} ist gleich der Abnahme des ersten Zustandes durch q_{12}) vorliegt, erhält man

$$-q_{12} \cdot p + q_{21} \cdot (1 - p) = 0$$

$$p = \frac{q_{12}}{q_{12} + q_{21}} ,$$

also eine der logistischen Form ähnliche Modellform.

Die dafür notwendigen Annahmen sind allerdings in vielen inhaltlichen Anwendungsbereichen wenig sinnvoll, insbesondere die Vorstellung, daß ein Gleichgewichtszustand vorliegt.

Es mag zwar plausibel erscheinen, daß in vielen Fällen das empirische Geschehen eher gemäß dem Kraft-Ansatz ohne Annahme eines Gleichgewichtszustandes abläuft - also so, daß wünschenswerte Eigenschaften erschöpfender Statistiken etc. erfüllt sind. Eine gültige Beurteilung kann aber im wesentlichen nur an der Brauchbarkeit der verschiedenen Ansätze in der empirischen Forschungsarbeit erfolgen. Bedauerlicherweise gibt es nur wenig vergleichende Arbeiten bei komplexeren Modellen.

Wahrscheinlich aus historischen Gründen heraus ist es verständlich, daß früher fast ausschließlich der Normalverteilungsansatz verwendet wurde. Heute überwiegen Ansätze auf der Basis des logistischen Modells (siehe etwa Fischer, 1974; Spada, 1976; Spada & Kempf, 1977), nur in relativ wenigen Gebieten (etwa im sozialwissenschaftlichen Bereich; vgl. Coleman, 1964) werden die "Kraft"-Ansätze bevorzugt.

3.3. Mehrdimensionale funktionale Modelle

Lit.: notwendig: Albert, 1976; Hull, 1943 oder 1951;
günstig: Bower, 1972; Kendler & Spence, 1971; Spence, 1956; Torgerson, 1958; oder andere Darstellung der Thurstone-Skalierung.

Komplexe Modelle, die gleichzeitig mehrere latente Dimensionen umfassen, bringen nicht unbeträchtliche theoretische, technische und praktische Probleme mit sich. Es gibt nur in wenigen Bereichen der Psychologie so gut ausgebaute verbale Theorien, daß ihre Übersetzung in ein mehrdimensionales Modell möglich und sinnvoll wäre. Auch ist es von der Forschungsstrategie her nicht günstig, ein aus vielen Hypothesen bestehendes, noch nicht ausreichend empirisch überprüftes Hypothesengefüge auf einmal in ein Modell zu übersetzen, da dann eine schlechte Übereinstimmung der Modellvorhersagen mit den Daten nur schwer interpretierbar ist. Man weiß in solchen Fällen kaum, welche der angesetzten Hypothesen modifiziert werden sollte. Aus diesem Grunde entstehen solche Ansätze meist aus einem Wechselspiel von theoretischen Annahmen und empirischen Befunden. Man beginnt mit einem ein- oder zweidimensionalen Modell, das dann allmählich durch Hinzunahme weiterer Hypothesen und weiterer latenter Dimensionen zu einem größeren Komplex ausgebaut wird. Dieses Vorgehen zeigt sich etwa besonders deutlich bei den bekannten Arbeiten von Hull, 1943; 1951. Technische Probleme ergeben sich vor allem aus der mathematischen Behandlung der Modelle, insbesondere der Parameterschätzung und der Entwicklung von Modelltests. Der Modellkonstrukteur stößt hier sehr leicht an die Grenzen analytischer Verfahren, und die rein numerischen Techniken (etwa Suchverfahren zur Parameterschätzung; Monte-Carlo-Studien) bereiten neben großen Anwendungsschwierigkeiten auch nicht unbeträchtliche Probleme hinsichtlich der mathematischen Zuverlässigkeit. So ist es problematisch, mit einem solchen Suchverfahren eine optimale Lösung zu suchen, wenn die Existenz einer solchen Lösung nicht gezeigt werden kann.

Insbesondere bei der Durchführung von Modelltests ergeben sich große praktische Probleme. So sind für komplexe Modelle gelegentlich zur Abtestung mehr Daten erforderlich, als praktisch erhoben werden können. Zur Überprüfung mancher Modellaussagen wäre es notwendig, daß mehrere latente Dimensionen durch Variation entsprechender Vergleichsbedingungen simultan geändert werden, was nicht immer durch eine entsprechende Versuchsanordnung realisierbar ist. Man muß sich aus diesen Gründen oft mit einer Abtestung einzelner Modellteile bzw. -vorhersagen begnügen.

Die schwierigsten dieser Probleme stellen sich - und meist in verstärktem Maße - auch bei der *verbalen* Formulierung von psychologischen Theorien. Insbesondere die Entwicklung von empirischen Überprüfungsmöglichkeiten inhaltlicher Hypothesen ist bei rein verbaler Betrachtung der Theorien meist schwieriger und weniger trennscharf durchzuführen als bei einer entsprechenden Formalisierung. Wenn es überhaupt möglich ist, in der Psychologie umfassende, quantifizierbare Dimensionen beinhaltende Theorien zu erstellen und empirisch zu überprüfen, dann dürften formale Modelle trotz aller Probleme das brauchbarste methodische Hilfsmittel dazu sein.

3.3.1. Lineare Modelle

Für das Erzielen von Dimensionen zur Strukturierung von Datenmaterial werden lineare Ansätze (Regressionsrechnung, Faktorenanalyse, lineare multivariate Statistik) seit langem herangezogen. Die bereits im Abschnitt 1.4.3. erwähnten Verallgemeinerungen dieser Ansätze durch Jöreskog erlauben es, auch komplexe theoretische Vorstellungen in solche Modelle zu übertragen und anhand von Daten abzutesten. Da hier ohne Schwierigkeiten auch eine größere Zahl von Dimensionen gleichzeitig betrachtet werden kann, wird die Modellabhängigkeit der "Existenz" von latenten Dimensionen bei dieser Art der Modellkonstruktion besonders deutlich.

Die Modellsprache ist sehr einfach. Kreise stehen für theoretische Dimensionen, die nicht direkt beobachtet werden können. Rechteckecharakterisieren empirisch beobachtbare Größen, die als Indikatoren für die latenten theoretischen Dimensionen dienen. Gerichtete Pfeile stehen für die Annahme des Einflusses einer Variablen auf eine andere, Doppelpfeile für Interdependenzen. Die Pfeile können mit Gewichten versehen werden, die entweder aus den Daten heraus geschätzt werden oder von vornherein als Hypothese festgelegt werden können.

Alle Zusammenhänge werden als in ihrer Struktur linear aufgefaßt, was die Aufnahme von nicht-linearen Funktionen der einzelnen Dimensionen in die lineare Beschreibung der Zusammenhänge nicht ausschließt. Bezüglich der durch die Modellgleichungen nicht aufgeklärten Residuen werden die üblichen Annahmen der parametrischen Statistik getroffen.

Die Trennung zwischen beobachtbaren und latenten Dimensionen kommt der Denkweise vieler Psychologen entgegen. Die vermuteten Zusammenhänge zwischen den beobachtbaren Indikatoren können durch die Dazwischenschaltung theoretischer Konstrukte wesentlich einfacher abgeleitet werden, wie etwa das Beispiel von Künzel, 1979; zeigt. Dort wird versucht, Vorstellungen über das Zustandekommen von Therapiemotivation abzutesten. Dies geschieht am Beispiel des Symptoms "Redeangst", da bei der zur Verfügung stehenden studentischen Population gerade dieses Symptom sehr stark ausgeprägt ist.

Ausgehend von der Beobachtung, daß einige Studenten sich wegen diesem Symptom an therapeutische Stellen wenden, obwohl bei ihnen die Redeangst durchschnittlich stark und im Verhältnis zur studentischen Population nicht auffällig ausgeprägt ist, nimmt Künzel an, daß die Stärke der Therapiemotivation nicht allein aus der Stärke des Symptoms erklärbar ist. Er nimmt an, daß die kognitive Verarbeitung des Symptoms von entscheidender Bedeutung ist. Neben mehreren anderen Dimensionen kann hier die Attribuierung eine Rolle spielen. Wer glaubt, daß die Redeangst nur durch die unfreundlichen Hörsäle ausgelöst wird, wird keine Therapiemotivation entwickeln, da bei diesen Annahmen das Symptom bei Ende des Studiums von allein verschwinden sollte. Diese grundlegene Überlegung kann durch den Vergleich der in Diagramm 3 dargestellten beiden Modellformen erfolgen. Ist der kognitive Rahmen von entscheidender Bedeutung für das Zustandekommen der Therapiemotivation, sollte das Modell B die Daten ebensogut zu beschreiben gestatten wie das Modell A.

Dia 3: 2 Annahmen über das Zustandekommen der Therapiemotivation

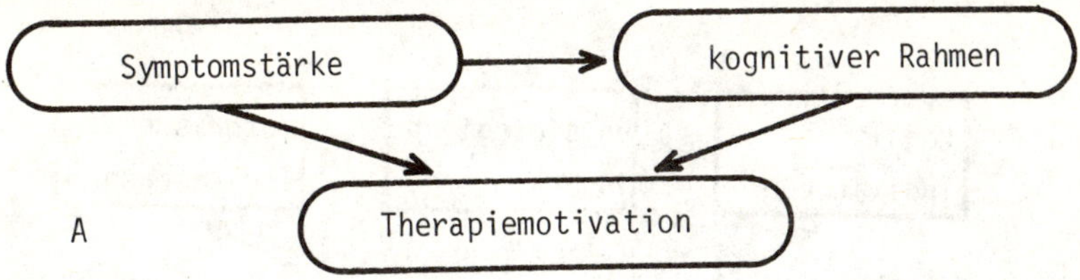

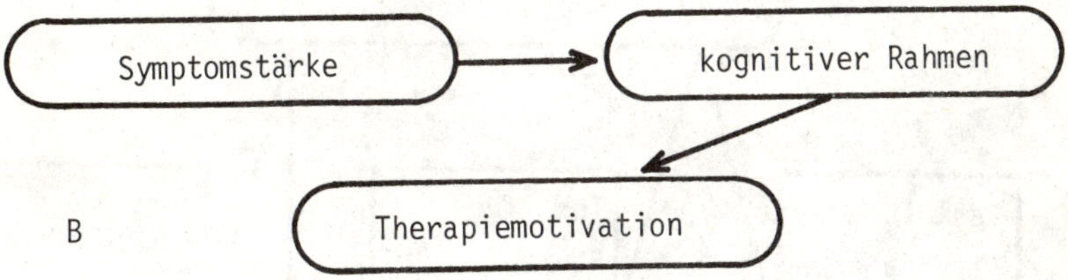

Für die weitere Modellkonstruktion stellt sich die Frage, ob man wirklich mit einer Dimension für die verwendeten theoretischen Begriffe auskommt. Für die Symptomstärke und die Therapiemotivation kann dies vielleicht im Rahmen der vorliegenden Untersuchung angenommen werden (bei einer anderen Fragestellung muß u. U. diese "eindimensionale" Betrachtung durch eine Vielzahl theoretischer Dimensionen zu diesen beiden Begriffen abgelöst werden), für den kognitiven Rahmen ist eine eindimensionale Vorstellung nicht zu vertreten. Neben mehreren anderen Teildimensionen des kognitiven Bereiches schlägt Künzel die Aufnahme von "Attribuierung", "Beurteilung des Symptoms als normabweichend bzw. krankhaft" und "Glaube an die Beeinflußbarkeit des Symptoms" vor (es kann hier nur eine kleine Auswahl beispielhaft skizziert werden).

Für jedes theoretische Konstrukt müssen Indikatoren gefunden werden. Für die Symptomstärke werden kognitive, physiologische und motorische Indikatoren ausgewählt, für die Therapiemotivation ein Fragensatz für den Leidensdruck und ein anderer für die Stärke des Wunsches nach Veränderung. Für die hier ausgewählten drei Teildimensionen des kognitiven Rahmens wurde jeweils ein spezieller Test entwickelt. Damit ergibt sich die in Diagramm 4 skizzierte Modellform.

Dia 4: Modell zur Beschreibung des Zustandekommens der Therapiemotivation (vereinfacht)

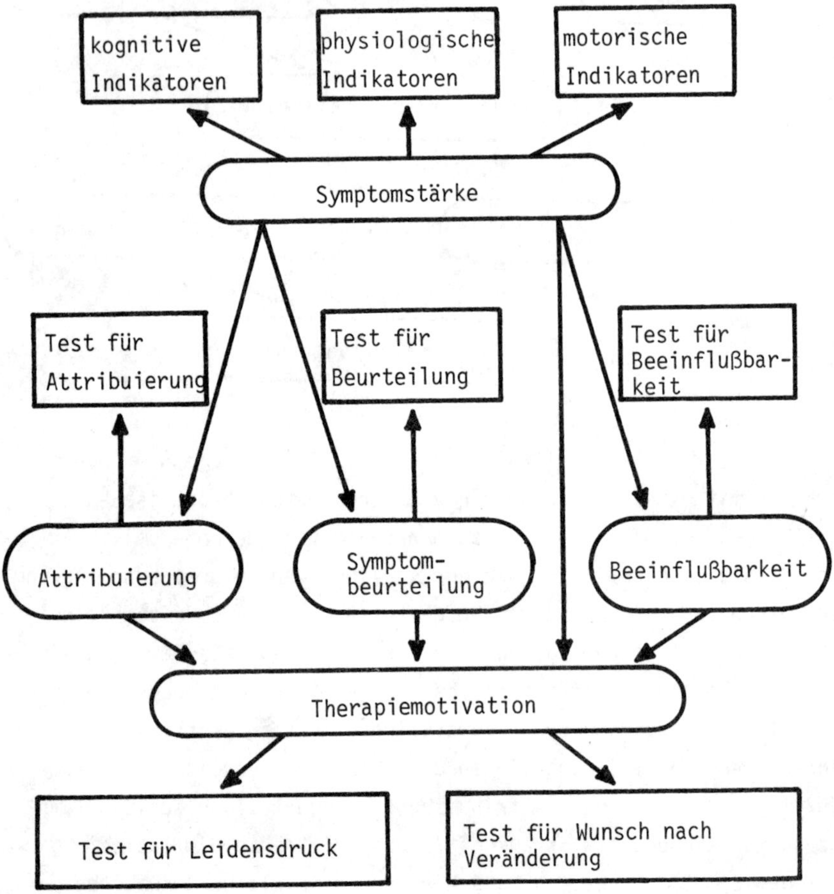

Die Gewichte der einzelnen Pfeile können mit Hilfe des Programms von Jöreskog und van Thillo, 1973; nach der Maximum-Likelihood-Methode geschätzt werden. Jede theoretische Dimension ist durch die Gewichte zu den ihr direkt oder auf Umwegen zugeordneten Indikatoren charakterisiert. Demzufolge können sich alle in das Modell bzw. in die theoretischen Überlegungen aufgenommenen Dimensionen verändern, wenn man die Indikatoren oder irgend etwas an der Modellstruktur ändert (und zwar nicht durch die veränderten Schätzwerte innerhalb einer Stichprobe, sondern systematisch, auch bei Untersuchung der Gesamtpopulation). Die für die einzelnen latenten Dimensionen gewählten Namen verändern ihre "Bedeutung" mit jeder Modellerweiterung oder Modellreduktion. Eine gewisse Abhilfe kann hier durch das Festhalten der Indikatorengewichte bei einer Änderung der Struktur der Beziehungen zwischen den latenten Dimensionen erreicht werden. Diese "Kontextabhängigkeit" der durch die Festlegung von Modellen erhaltenen Dimensionen sollte bei der Interpretation der Ergebnisse dieser gerade für das Überprüfen komplexer Vorstellungen sehr nützlichen Verfahren bedacht werden.

3.3.2. Probabilistische Ansätze

Für viele Fragestellungen erscheint es zweckmäßig, die Modelle zur Erklärung des Zustandekommens der Beobachtungen nicht direkt für das beobachtbare Ereignis, sondern für die Wahrscheinlichkeit des beobachtbaren Ereignisses aufzustellen. Es stellt sich dann die Frage, welche mathematische Funktion zur Beschreibung des Zusammenhanges der latenten Dimension (für deren Ausprägung hypothetische Modellansätze gemacht werden) gewählt wird. Im Rahmen mehrdimensionaler Ansätze sind vor allem die Arbeiten von Hull zur Erklärung der Lernvorgänge in Konditionierungsexperimenten zu erwähnen (Hull, 1951). In diesen Arbeiten wurde angenommen, daß die latente Dimension ("Reaktionspotential") mit der Wahrscheinlichkeit des beobachtbaren Verhaltens in Form der Normalogive verknüpft ist.

Die Arbeiten von Hull haben sich außerordentlich befruchtend auf die spätere Forschung ausgewirkt (vgl. Bower, 1972; Kendler & Spence, 1971; Spence, 1956). Die modernen Autoren unterscheiden sich jedoch häufig in zwei Punkten vom ursprünglichen Ansatz: Das "Reaktionspotential" wird nicht mehr über die inverse Normalverteilung, sondern mit dem logistischen Ansatz festgelegt. Außerdem wird in letzter Zeit stärker versucht, durch inhaltlich fundierte Hypothesen die jeweilige Modellstruktur festzulegen, was allerdings zu Problemen der Eindeutigkeit solcher Übersetzungen führt.

Wie im Abschnitt 2.4.1. dargestellt wurde, führt sowohl die Forderung nach Erfüllung des "choice-axiom" als auch die Forderung nach spezifischer Objektivität zu dem logistischen Modellansatz. Da man heute der Annahme, daß alles in irgendeiner Form normalverteilt sein muß, eher skeptisch gegenübersteht, werden Modelle auf der Grundlage dieser Struktur zunehmend bevorzugt. Darüber hinaus erlaubt diese logistische Darstellung auch eine wesentlich einfachere rechentechnische und mathematische Behandlung als die Thurstone-Ansätze auf der Grundlage der Normalverteilung.

Ein oft störendes Problem bei dem Versuch, im Rahmen eines solchen Modells inhaltliche Vorstellungen zu formalisieren, ist die Erscheinung, daß die identische Formalisierung aus einer bestimmten Hypothese und einer anderen, die mit der ersten in scheinbarem Widerspruch steht, folgen kann. Ein Beispiel dafür gibt etwa Albert, 1976.

In dieser Arbeit wird u. a. die Beziehung zwischen der Häufigkeit des Auftretens der gelernten Reaktion (z. B. Lidschlagreflex), der individuellen Angstneigung der Versuchsperson (gemessen mit dem MAS) und der Intensität des unkonditionierten Reizes (z. B. ein Luftstoß gegen das Auge) untersucht. Nach Bieten des konditionierten Reizes hat die Versuchsperson entweder die Möglichkeit, "richtig" zu reagieren (d. h. die Augen zu schließen) oder eine für das Experiment irrelevante Verhaltensalternative zu wählen. Die möglichen irrelevanten Verhaltensalternativen, die nicht näher untersucht werden, können zu einer einzigen Wahlmöglichkeit zusammengefaßt werden. In diesem Fall ergibt sich als prinzipieller Ansatz

$$p = \frac{v_r}{v_i + v_r} \quad .$$

v_r steht für die "Stärke" der richtigen Reaktion, v_i steht für die Stärke der irrelevanten Alternativen. Es stellt sich nun die Frage, wie sich die Angst (a) bzw. die Reizstärke (u) auf diese angenommenen Größen auswirkt. Eine mögliche inhaltliche Annahme ist, daß sich die Angst nur in Situationen auswirkt, die als bedrohend ($u \neq 0$) empfunden werden. Ebenso wäre es plausibel, daß für die Versuchsperson kein Grund vorliegt, mit der "richtigen" Reaktion zu antworten, wenn keinerlei Angstbereitschaft oder keinerlei Bedrohung vorliegt. Plausibel erscheint es, daß mit steigender Angstbereitschaft oder mit steigender Bedrohung die Wahl der "richtigen" Alternative häufiger erfolgen wird. Inhaltlich interessant wäre es zu prüfen, ob durch Angst und Reizstärke *beide* Antworttendenzen beeinflußt werden oder ob nur eine dieser Tendenzen verändert wird. So könnte das vermutete Resultat daraus entstehen, daß mit steigender Angst und mit steigender Reizstärke nur die Tendenz zu irrelevanten Alternativen abnimmt. Man könnte annehmen, daß diese Abnahme auf zwei Wegen erreicht wird: Zunächst wird additiv die Tendenz zur irrelevanten Antwort herabgesetzt; dies allein führt jedoch, wie in der zitierten Arbeit gezeigt wurde, nicht zu einem die Daten ausreichend beschreibenden Modell. Daher wird zusätzlich noch ein zweiter Vorgang angenommen, der die nach der additiven Veränderung verbleibende Antworttendenz noch in multiplikativer Form verändert. Dies ergibt die Darstellung

$$v_i' = (v_i - a \cdot u)/a \cdot u \qquad v_i' \ldots \text{ geänderte Tendenz } v_i,$$

woraus für das Modell folgt:

$$p = \frac{v_r}{(v_{oi} - a \cdot a)/a \cdot u + v_r} \qquad p \ldots \text{ Wahrscheinlichkeit der "richtigen" Reaktion}$$

v_{oi} bezeichnet die Tendenz zur irrelevanten Antwort, die auf andere Faktoren zurückgeht. Wenn die Daten durch das Modell ausreichend beschrieben werden, würde dies zu einer Beibehaltung bzw. Stützung der inhaltlichen Annahme, vor allem der Vorstellung, daß nur die Tendenz zur irrelevanten Antwort durch die aufgenommenen Größen beeinflußt wird, führen.

Eine einfache Umformung des Modells führt jedoch zu einer anders zu interpretierenden Darstellung. Die Schreibweise

$$p = \frac{v_r \cdot a \cdot u}{(v_{oi} - a \cdot u) + a \cdot u \cdot v_r}$$

ist eine einfache Umformung der ersten Modelldarstellung. In diesem Fall wäre die Tendenz zur "richtigen" Alternative durch die Einflüsse von Angst und Reizstärke multiplikativ erhöht worden, gleichzeitig die Tendenz zur irrelevanten Alternative additiv erniedrigt. Da die beiden Modelle identisch sind, kann selbstverständlich durch empirische Daten keine Unterscheidung zwischen diesen beiden Ansätzen getroffen werden. In der zitierten Arbeit wird noch auf weitere Schwierigkeiten und Verallgemeinerungen hingewiesen.

Durch die Möglichkeit, mit prinzipiell verschiedenen inhaltlichen Vorstellungen zum selben Modell zu gelangen, wird die inhaltliche Interpretation der mit Hilfe formaler Modelle erhaltenen Dimensionen - im obigen Beispiel die Auswirkung der Angstbereitschaft bzw. die Auswirkung der Reizstärke - zusätzlich erschwert. Dieses Problem tritt allerdings nicht durch die Verwendung der Formalisierung als Methode auf, sondern ist eine Folge der kaum überschaubaren Konsequenzen aus den getroffenen Annahmen. Dieselben Probleme treten auch bei verbalen Hypothesenableitungen auf, doch können sie hier leichter übersehen werden.

Fragen zum 3. Kapitel

III/ 1 Was muß gegeben sein, damit eine mit Hilfe formalisierter Theorien gewonnene Dimension auf einer metrischen Skala erfaßbar ist?

III/ 2 Welche Skaleneigenschaft haben die Parameter einer Thurstone-Skalierung? Warum?

III/ 3 Warum ist es oft störend, daß das BTL und ein Thurstone-Modell im allgemeinen eine unterschiedliche Rangfolge der Objekte hinsichtlich der erfaßten Dimension bringen?

III/ 4 Worin unterscheiden sich "funktionale" und "Meß-Modelle"?

III/ 5 Warum können inhaltliche Vorstellungen oft leichter mit Hilfe der Intensitätsfunktion formalisiert werden als mit einer Funktion, die die beobachtbaren Daten (Zeiten, Häufigkeiten) direkt beschreibt?

III/ 6 Welche Ansätze zum Umformen von Wahrscheinlichkeiten in "Antworttendenzen" sind besonders gebräuchlich?

III/ 7 Welche Beziehungen bestehen zwischen Modellen auf der Basis der Intensitätsfunktion und dem logistischen Ansatz?

III/ 8 Warum ist das Arbeiten an mehrdimensionalen Modellen besonders schwierig? Welche Vorteile kann es bringen?

III/ 9 Gelegentlich führen sehr verschiedene Hypothesen zum identischen Modell. Ist dies ein Argument gegen die Verwendung mathematischer Modelle (Begründung)?

III/10 Welcher der Ansätze zum Erzielen von Dimensionen - Konstrukte, Vergleiche, Hypothesen - ist der beste? Warum?

Anhang: Hilfen zur Beantwortung der Fragen

Fragen zum 1. Kapitel

I/ 1 Populationsabhängigkeit, Skalenprobleme, Angabe der genauen Fragestellung und damit verbunden die Vieldeutigkeit der Ergebnisse und die Interpretationsschwierigkeiten. Meist auch das Problem eines "platonischen" Ansatzes.

I/ 2 Nein, das Problem tritt bei allen Korrelationsmaßen auf.

I/ 3 Nein, da die Gültigkeit des linearen Ansatzes bei einer nichtlinearen monotonen Transformation verlorengeht.

I/ 4 Die Faktorenanalyse ist kein Modell für Interkorrelationsmatrizen, sondern für die Struktur der zugrunde liegenden Daten. Die Interkorrelationen treten nur als ein rechentechnisches Zwischenergebnis auf. "Faktorisiert" man daher beliebige symmetrische Matrizen, sind die erhaltenen Eigenwerte und Eigenvektoren nicht im Sinne der Faktorenanalyse interpretierbar.

I/ 5 Nein. Allerdings wird die anschauliche Interpretation dadurch erleichtert.

I/ 6 Teilweise. Eine vernünftige Stabilität der Ergebnisse bei einer Kreuzvalidierung ist eine notwendige, aber für das Überprüfen einer induktiv aus diesem Datenmaterial gewonnenen Hypothese in keiner Weise hinreichende Bedingung. Bei einer zufälligen Teilung des Datenmaterials liegt kein Grund vor, eine über die notwendigen Zufallsschwankungen hinausgehende Variation der Ergebnisse zu erwarten.

I/ 7 Berechnet man für eine Menge von Objekten alle paarweisen Distanzen, so stellt die multidimensionale Skalierung den Versuch dar, aus diesen Distanzen die - auf eine orthogonale Basis transformierten - ursprünglichen Variablen aufzufinden, falls man dem Verfahren die gleiche Metrik zugrunde legt.

I/ 8 Die Ladungen beschreiben den Zusammenhang zwischen den Variablen und den Faktoren, die Gewichte der multivarialten Statistik geben die Koeffizienten jener Linearkombination der Variablen an, die die erhaltene Dimension darstellen. Sie sind in diesem

Sinne vergleichbar mit den Gewichten der Konstrukte, die aus den Daten die Bestimmung der Ausprägungsgrade der einzelnen Faktoren bei den Personen gestatten.

I/ 9 Man könnte die kanonische Korrelation mit dem Versuch vergleichen, in zwei Variablensätzen, die von den gleichen Personen erhoben sind, eine Faktorenanalyse durchzuführen und so zu rotieren, daß die Faktorwerte der Personen in den zugeordneten Faktoren möglichst ähnlich sind. Bei der Interpretation muß aber I/ 8 beachtet werden.

I/10 Die kanonische Korrelation beschreibt die Beziehung zwischen zwei verschiedenen Variablensätzen an denselben Personen. Die Transformationsanalyse versucht, die Ähnlichkeiten zwischen demselben Variablensatz, der an verschiedenen Personengruppen vorgegeben wurde, aufzuzeigen. Zu beachten ist, daß sich diese Verhältnisse ändern, wenn man in der Faktorenanalyse Personen und Variablen "vertauscht".

I/11 Vorteile liegen in der einfacheren technischen Handhabung, insbesondere bei Kernspeicherproblemen und Problemen der Rechengenauigkeit der Matrizeninversion. Nachteile treten bei der Interpretation der Signifikanz praktisch nicht auf, schwierig ist es jedoch, eine Linearkombination von Faktoren zu interpretieren, die ihrerseits erst mit allen Unsicherheiten interpretiert bzw. benannt werden mußten.

I/12 Durch die andere Definition der Ladungen (I/ 8) sind diese wesentlich weniger kontextabhängig als die Diskriminanzgewichte. Bei der multidimensionalen Skalierung treten spezielle Probleme bei nicht-euklidischen Metriken auf.

I/13 Die Abtestung der Struktur ist bei Erfüllung der Voraussetzungen um vieles sauberer möglich; Probleme bereitet insbesondere die Erfüllung dieser Voraussetzungen.

Fragen zum 2. Kapitel

II/ 1 Die Latent-Structure-Analyse, da im Regelfall hier die Modell*struktur* an die Daten angepaßt wird.

II/ 2 Die einzelnen mathematischen Beweise laufen stets auf die Aussage "es existiert eine monotone Funktion der Parameter, so daß ......" hinaus; in den einzelnen Modellen kann der Parameter stets durch eine willkürliche monotone Funktion dieses Parameters ersetzt werden; liegen mindestens zwei Objektmengen (Items, Personen) vor, ist die Wahl der "Steilheit" der Itemcharakteristik inzidentell. Starke Skalen können durch Festlegung - die Eigenschaft ist metrisch durch diese Aufgabensammlung definiert - oder *innerhalb* des gewählten Ansatzes vertreten werden, etwa "auf dieser festgelegten Dimension hat eine Person einen doppelt so hohen Parameterwert wie eine andere".

II/ 3 Bei einer perfekten Guttman-Skala sollten alle aufgetretenen Antwortmuster als "Typen" erkannt werden, bei Gültigkeit des Rasch-Modells sind sehr ähnliche Ergebnisse zu erwarten. Bei einer Latent-Structure-Analyse kann kaum eine Vorhersage getroffen werden, da durch sich schneidende Itemcharakteristiken auch andere "Typen" auftreten.

II/ 4 Einmal, weil keinerlei Begründung dafür besteht; das metrische bzw. lineare Denken ist diesem Modell nicht angepaßt. Zum anderen ist zu beachten, daß die Gültigkeit der Annahme der Eindimensionalität nicht nur von den Items, sondern auch von der ausgewählten Personengruppe abhängt.

II/ 5 Gelten sie für eine Population, so gelten sie auch für jede systematisch daraus herausgegriffene Teilpopulation; Aussagen über die Gültigkeit bei anderen, nicht in der ursprünglichen Population enthaltenen Personen sind unmöglich.

II/ 6 Für Personenfähigkeiten "kleiner" als die Itemschwierigkeit gleich Null; an dem Punkt "Itemschwierigkeit gleich Personenfähigkeit" springt die Itemcharakteristik nach 1.

II/ 7 Da eine überaus große Anzahl von möglichen Kombinationen geprüft wird.

II/ 8 Ja. Die Itemcharakteristik ergibt sich aus dem Birnbaum-Ansatz mit unendlicher "Trennschärfe".

II/ 9 Nein, da zur spezifischen Objektivität auch die Unabhängigkeit des Vergleiches zweier Items von der zufällig ausgewählten Person gehört; in diesem Ansatz sind sich schneidende Itemcharakteristiken möglich.

II/10 Das Ergebnis hängt einerseits von der geschickten Auswahl der einzelnen Testungsgesichtspunkte der Personen bzw. Items ab, darüber hinaus wird es wesentlich durch die Anzahl der Personen und die Exaktheit des Vorgehens beeinflußt (je "trennschärfer", umso eher wird das Modell zurückgewiesen werden müssen). Für einen Bayes-Ansatz stellt sich das zusätzliche Problem, daß die a priori-Wahrscheinlichkeit der exakten Modellgültigkeit Null ist.

II/11 Das BTL entspricht dem logistischen Modell nach Rasch für den Paarvergleich, wenn alle Personen den identischen Parameterwert haben. Eine andere Analogie sieht man, wenn man Items und Personen zu einer Objektmenge zusammenfaßt und den "paarweisen Vergleich" entsprechend definiert.

II/12 Die notwendigen Bedingungen entsprechen im wesentlichen den Forderungen der spezifischen Objektivität. Das Theorem 8.6.2. (im Pfanzagl, 1971) folgt aus der Forderung der Unabhängigkeit des Vergleiches zweier Objekte von den vorhandenen Elementen der anderen Objektmengen. 8.6.3. stellt eine Forderung dar, die ohne inhaltliche Begründung auch in allen Bereichen zur spezifischen Objektivität angestellt wird. Sie ist annähernd in der Forderung nach "Vergleich soll stets möglich sein" enthalten. 8.6.4. ergibt sich aus der aus der Eindeutigkeit folgenden Monotonie.

Fragen zum 3. Kapitel

III/ 1 Die Theorie muß so ausgebaut sein, daß sie ein empirisches Relativ mit einer entsprechenden Relation (Mittenbildung, Verknüpfungsoperation ...) bedingt.

III/ 2 Aus der Sicht der Eindeutigkeit der Parameterschätzung bei einem vorgegebenen Modell Intervallskala, da jede lineare Veränderung der Parameter durch entsprechende Veränderung der inzidentellen Modellparameter aufgehoben werden kann. Aus inhaltlicher Sicht eine Intervallskala dann, wenn die Normalverteilung keine inzidentelle, sondern eine theoretisch begründete Annahme darstellt. Ist die Normalverteilung nur inzidentell, dann Rangskala.

III/ 3 Es gibt in vielen Anwendungssituationen keine Möglichkeit zu entscheiden, welchen der beiden Ansätze man sinnvoll wählt.

III/ 4 Bei funktionalen Modellen haben die Daten "Vorrang", das Modell wird auch in seiner Struktur den empirischen Gegebenheiten angepaßt. Bei Meßmodellen wird die Struktur des Modells nach wünschenswerten Kriterien festgelegt und die empirische Situation so geschaffen, daß das Modell den Daten gerecht wird.

III/ 5 Die Denkweise in "Kräften" entspricht dem Denken vieler Psychologen. Darüber hinaus führen einfache Kräfte zu komplizierten Formen der beobachtbaren Häufigkeiten, die ohne mathematische Hilfsmittel nur schwer durch inhaltliches Überlegen gewonnen werden können.

III/ 6 Ansätze auf der Basis der Normalverteilung, der logistischen Funktion und der (meist linearen) Intensitätsfunktionen.

III/ 7 In einfachen Fällen führt die zusätzliche Annahme eines Gleichgewichtszustandes bei Ansätzen auf der Basis der Intensitätsfunktion zum logistischen Ansatz. Vgl. im übrigen 3.2.2.

III/ 8 Es müßten ausreichend ausgebaute Theorien vorhanden sein, die mathematische Behandlung ist u. U. außerordentlich komplex und die Erhebung der Daten, die zu einer Modellüberprüfung ausreichen, kann außerordentlich aufwendig sein. Der Vorteil ist, daß u. U. auf diesem Wege klar formulierte, umfassende Theorien entwickelt werden können.

III/ 9 Nein, da diese Schwierigkeit bei nur verbaler Ausarbeitung ebenso besteht. Die mathematische Formulierung bietet den Vorteil, solche Schwierigkeiten überhaupt leicht erkennen zu können.

III/10 Die Frage ist prinzipiell unsinnig. Bei Methoden, die sich hinsichtlich ihrer Anwendungsmöglichkeiten und ihrer Zielsetzung prinzipiell unterscheiden, kann keine Rangordnung nach "am besten" erstellt werden. Jeder dieser Ansätze hat spezifische Vor- und Nachteile, so daß in jedem Einzelfall abzuwägen ist, welcher Ansatz der konkreten Forschungssituation am ehesten gerecht wird.

LITERATURVERZEICHNIS

Ahrens, H. J. Multidimensionale Skalierung. Weinheim, Basel, 1974
Albert, D. Anxiety and Learning. Vortrag anläßlich des Annual Meeting of Mathematical Psychologists, 1976
Amthauer, R. IST, Intelligenz-Struktur-Test. Göttingen, 1953
Anderson, T. W. On estimation of parameters in latent structure analysis. Psychometrika, 1954, 19, 1-10
Binet, A., Simon, T. Le Dêveloppement de l´Intelligence chez les Enfants. Annêe Psychol. 14, 1908, 1-94
Birnbaum, A. Statistical theory of tests of mental ability. Ann. Math. Statist. 29, 1284, 1958
Birnbaum, A. Some latent trait models and their use in inferring an examinee's ability. In: Lord, F. M., Novick, M. R. (Hrsg.): Statistical theories of mental test scores. Addison-Wesley, Reading/Mass. 1968
Bortz, J. Kritische Bemerkungen über den Einsatz nichteuklidischer Metriken im Rahmen der multidimensionalen Skalierung. Arch. ges. Psychol., 126, 1974, 196-212
Bower, G. H. Psychology of learning and motivation. Advances in research and theory. New York: Academic Press, 1972
Bradley, R. A. Science, statistics and paired comparisons. Biometrics, 32, 1976
Bradley, R. A., Terry M. E. The rank analysis of incomplete block designs I: The method of paired comparisons. Biometrika, 324, 1952
Breinbauer, W. Vergleich des Budgetverhaltens verschiedener Bevölkerungsgruppen mit Hilfe des Modells der Verteilungsanalyse von Rasch Diss. Wien, 1974
Burke, H. R. Raven's Progressive Matrices: A review and critical evaluation. Journal of Genetic Psychology, 93, 1958, 199-228
Cattell, R. B. The sixteen personality factor questionnaire. (Rev. ed.). Champaign, Ill.: Institute for Personality and Ability Testing, 1957
Cattell, R. B. (Ed.) Handbook of multivariate experimental psychology. Chicago, 1966
Coleman, J. S. Introduction to mathematical sociology. The Free Press of Glencoe, Collier-Macmillan, New York/London, 1964
Coombs, C. H., Kao, R. C. Nonmetric factor analysis. Engineering Research Bulletin No. 38, University of Michigan Press, Ann Arbor, 1955
Fischer, G. H. (Hrsg.) Psychologische Testtheorie. Bern, 1968
Fischer, G. H. Einführung in die Theorie psychologischer Tests. Bern, 1974
Fischer, G. H., Roppert, J. Lineare Strukturen in Mathematik und Statistik. Arbeiten aus dem Institut für Höhere Studien und Wissenschaftliche Forschung, Nr. 1 Physica-Verlag, Wien/Würzburg, 1965
Fischer, G. H., Spada, H. Die psychometrischen Grundlagen des Rorschachtests und der Holtzman Inkblot Technique, Bern: Huber, 1973
Gaensslen, H., Schubö, W. Einfache und komplexe statistische Analyse München, 1973
Gibson, W. A. Three multivariate models: factor analysis, latent structure analysis and latent profile analysis. Psychometrika, 1959 24, 229-252

Gnanadesikan, R. Development Lectures on Multivariate Analysis. Proceedings of the Nuffic international summer session at "Het Oude Hof", in: Riemersma, J. B. J., van der Meer, H. C. (Hrsg.): Formulation and assessment of statistical models for experimental psychology. The Hague, 1970

Guttman, L. The basis of scalogram analysis. In: Stouffer, S. A. et al.: Studies in Social Psychology in World War II, Vol. IV, Princeton University Press, Princeton, N. J., 1950

Guttman, L. A general nonmetric technique for finding the smallest coordinate space for a configuration of points. Psychometrika, 1968 33. 469-506

Henning, H. J. Skalenanalyse und Rasch-Modell, Inaugural-Dissertation, Bonn, 1974

Herrmann, T., Stapf, K. H. Über theoretische Konstruktionen in der Psychologie. Psychologische Beiträge, 1971, 336-354

Hull, C. L. Principles of Behavior. New York: Appleton-Century-Crofts, 1943

Hull, C. L. Essentials of Behavior. New Haven: Jale University Press 1951

Iseler, A. Leistungsgeschwindigkeit und Leistungsgüte. Weinheim: Beltz, 1970

Jöreskog, K. G., van Thillo, M. A General Computer Program for estimating a Linear Structural Equation System Involving Multiple Indicators of Unmeasured Variables, University of Uppsala Report, 1973-5

Johnson, R. M. Pairwise nonmetric multidimensional scaling. Psychometrika, 38, 1973, 11-19

Jüttemann, G. Was nützen uns Eigenschaftskonstrukte? Psychologische Rundschau, 1972, 91-114

Kelly, F. J. et al. Multiple Regression Approach, Carbondale/Edwardsville, 1969

Kempf, W. F. (Hrsg.) Probabilistische Modelle in der Sozialpsychologie. Bern: Huber, 1974

Kendler, H. H., Spence, J. T. (Hrsg.) Essays in Neobehaviorism. A Memorial Volume to Kenneth W. Spence, New York: Appleton-Century-Crofts, 1971

Kruskal, J. B. Multidimensional scaling by optimizing goodness of fit to a nonmetric hypothesis. Psychometrika, 1964a, 29, 1-28

Kruskal, J. B. Nonmetric multidimensional scaling: a numerical method. Psychometrika 1964b, 29, 115-130

Kruskal, J. B. More Factors than subjects, tests and treatments: An indeterminacy theorem for canonical decomposition and individual difference scaling, Psychometrika, 1976, 41, 281-293

Künzel, R. Philosophische Dissertation an der Ruhr-Universität Bochum, in Vorbereitung

Lazarsfeld, P. F. in Stouffer u. a.: Measurement and prediction. Chpt. 10, 11, Princeton, 1950

Lazarsfeld, P. F. (Hrsg.) Mathematical thinking in the social science Glencoe, USA, 1954

Lazarsfeld, P. F. Recent developments in latent structure analysis. Sociometry, 1955, 18, 647-659

Lazarsfeld, P. F. Latent structure analysis. In: Koch, S. (Hrsg.): Psychology: a study of a science, New York, 476-543, 1959

Lienert, G. A. Testaufbau und Testanalyse. 2. Auflage, Weinheim, 1967
Lingoes, J. C., Guttman, L. Nonmetric factor analysis: A rank reducing alternative to linear factor analysis. Multivariate Behavior Research, 1967, 2, 485-505
Lord, F. M., Novick, M. R. (Hrsg.) Statistical theories of mental test scores. Addison-Wesley, Reading/Mass. 1968
Luce, R. D. Individual Choice Behavior. New York: Wiley, 1959
Luce, R. D. Detection and Recognition. In: Luce, R. D., Bush, R. R., Galanter, E. (Hrsg.): Handbook of mathematical psychology. New York: Wiley, 1963
Luce, R. D., Galanter, E. Discrimination. In: Luce, R. D., Bush, R. R., Galanter, E. (Hrsg.): Handbook of mathematical psychology. New York: Wiley, 1963
Mac Corquodale, K., Meehl, P. E. On a distinction between hypothetical constructs and intervening variables. Psychol. Review, 1948, 95-107
McDonald, R. P. A general approach to nonlinear factor analysis. Psychometrika, 1962, 27, 397-415
McGill, W. J. Stochastic latency mechanisms. In: Luce, R. D., Bush, R. R., Galanter, E. (Hrsg.): Handbook of mathematical psychology, New York: Wiley, 1963
McHugh, R. B. Efficient estimation and local identification in latent class analysis. Psychometrika, 1956, 21, 331-347
Meili, R. Hat die Intelligenz eine Struktur? In: Tack, W. H. (Hrsg.) Bericht über den 30. Kongreß der Deutschen Gesellschaft für Psychologie in Regensburg, 1976, Band 1, Göttingen, 1977, 87-89
Micko, H. C. Eine Verallgemeinerung des Meßmodells von Rasch mit einer Anwendung auf die Psychophysik der Reaktionen. Psychol. Beiträge 12, 54, 1970
Möbus, C. Ein Beitrag zur metrischen und nonmetrischen Analyse von nicht-symmetrischen Proximitätsmatrizen mit multidimensionalen Skalierungsmodellen, Inaug. Diss., WISO-Fakultät d. Univ. Heidelberg, 1974
Möbus, C. Nonmetric Multidimensional Scaling without Disparities and Derivatives: A Rank-Correlation-Orientated Approach Through L_1-Approximation, Archiv für Psychologie, 1976, 128, 240-266
Mokken, R. J. A theory and procedure of scale analysis. Paris/The Hague: Monton, 1971
Moosbrugger, H. Multivariate statistische Analyseverfahren. Stuttgart, 1978
Münchner Symposium: Unbehagen in der Faktorenanalyse, Psychologische Rundschau, 1967
Norden, I. Anleitung zur Intelligenzprüfung nach Binet-Bobertag "Binetarium", Stuttgart, Testverlag S. Wolf, 1953
Orth, B. Einführung in die Theorie des Messens. Stuttgart, 1974
Pawlik, K. Dimensionen des Verhaltens. Eine Einführung in die Methodik und Ergebnisse faktorenanalytischer psychologischer Forschung, Bern/Stuttgart/Wien, 1971
Pfanzagl, J. Theory of Measurement. 2. Auflage, Würzburg/Wien: Physica-Verlag, 1971
Puri, M. L., Sen, P. K. Nonparametric methods in multivariate Analysis, New York, 1971

Rao, C. R. Linear statistical inference and its application. New York, 1965
Rao, C. R., Katz, R. Alternative multidimensional scaling methods for large stimulus sets. Journal of Marketing Research, 1971, 8, 488-494
Rasch, G. Probabilistic models for some intelligence and attainment tests. The Danish Institute for Educational Research, Kopenhagen, 1960
Rasch, G. Verteilungsanalyse. Unveröffentlichtes Vorlesungsmanuskript. Verfaßt von Steue, J., übersetzt von Repp, B., 1965
Rohracher, H. Einführung in die Psychologie, Wien, 1948
Scheuch, E. Skalierungsverfahren in der Sozialforschung. In: König, R.: Handbuch der empirischen Sozialforschung, Stuttgart: Euke, 1962
Shepard, R. N. The analysis of proximities: multidimensional scaling with an unknown distance function: Psychometrika, 1962, 27, 125-140
Shepard, R. N. et al. (Hrsg.) Multidimensional Scaling. Theory and Applications in the Behavioral Sciences. New York: Seminar Press, 1972
Spada, H. Modelle des Denkens und Lernens, Bern/Stuttgart/Wien, 1976
Spada, H., Kempf, W. (Hrsg.) Structural Models of Thinking and Learning, Bern/Stuttgart/Wien, 1974
Spearman, C. General Intelligence - Objectively Determined and Measured. Amer. J. Psychol. 15, 1904, 201-293
Sternberg, S. Stochastic Learning Theory. In: Luce, R. D., Bush, R. R., Galanter, E.: Handbook of mathematical psychology, New York: Wiley, 1963
Swets, J. A. Signal Detection and Recognition by Human Observers. New York: Wiley, 1964
Spence, K. W. Behavior Theory and Conditioning. New Haven: Jale University Press, 1956
Thurstone, L. L., Chave, E. J. The measurement of attitude. Chicago: University of California Press, 1929
Torgerson, W. F. Theory and methods of scaling. New York: Wiley, 1958
Überla, K. Faktorenanalyse, 2. Auflage, Berlin/Heidelberg/New York, 1971
Weber, E. Einführung in die Faktorenanalyse. Stuttgart, 1974
Wechsler, D. HAWIE Hamburg-Wechsler-Intelligenztest für Erwachsene, Bern/Stuttgart, 1964
Wender, K. Die psychologische Interpretation nichteuklidischer Metriken in der multidimensionalen Skalierung. Diss. Darmstadt, 1969
Wottawa, H. Ein probabilistisches Modell für das Kompensationsgerät. In: Bericht über den 28. Kongreß der Deutschen Gesellschaft für Psychologie, Göttingen: Hogrefe, 1972
Wottawa, H. Das "allgemeine lineare Modell" - Ein universelles Auswertungsverfahren. In: EDV in Medizin und Biologie, Band 5, Haft 3, Stuttgart: G. Fischer, 1974
Wottawa, H. "Ein Verfahren zur Selektion homogener Itemgruppen als Alternative zur Faktorenanalyse". Mitteilung und Nachricht des Deutschen Instituts für Pädagogische Forschung, Frankfurt, 1974.